Ruth Weiss • Die Reise nach Gaborone

Ruth Weiss

Die Reise nach Gaborone

KOMZI Verlag, Idstein 1997

Die Deutsche Bibliothek - CIP-Einheitsaufnahme
Weiss, Ruth:
Die Reise nach Gaborone / Ruth Weiss.
[Mithrsg. AAB Südliches Afrika].
- 1. Aufl. - Idstein : Komzi-Verl., 1997
ISBN 3-929522-40-3

Umwelthinweis:
Dieses Buch und der Schutzumschlag
wurden auf chlorfrei gebleichtem Papier gedruckt.
Die Einschrumpffolie (zum Schutz vor Verschmutzung)
ist aus umweltschonender und recyclingfähiger PE-Folie .

Herausgeber und Verlag
KOMZI Verlags GmbH
Magdeburgstraße 11 • 65510 Idstein
Telefon 06121 / 3603 • Fax 06126 / 3350

Mitherausgeber
AAB Südliches Afrika
Postfach 5005 • CH-3001 Bern
Telefon / Fax ++41 31 3 11 54 60

1. Auflage 1997
© 1997 KOMZI Verlags GmbH, Idstein
Alle Rechte ausdrücklich vorbehalten
Lektorat: Kerstin Meinhardt
Umschlaggestaltung und Satz: Kerstin Meinhardt
Druck und Bindung: DAN, Ljublijana

Inhaltsverzeichnis

Wir danken dem Kirchlichen Entwicklungsdienst der Evangelischen Kirche in Deutschland, der durch einen Druckkostenzuschuß des ABP die Herausgabe dieses Buches ermöglichte.

Diese Geschichten sind ein Bruchteil der zahllosen Berichterstattungen über die Ereignisse auf dem afrikanischen Kontinent, dessen Entwicklung ich über fünfzig Jahre als Journalistin begleitete. Manche Geschichten schrieb ich zur Zeit des Geschehens, wie *Pinky* (1995), andere aus der Erinnerung.

Den meisten Erzählungen liegen wahre Begebenheiten zugrunde, dies ist z. B. bei *Die Reise nach Gaborone, Die Kinder, Vergiß den Stammbaum, Abeokuta, Sarah Go Home, Der Zeuge, Philemon und Karola* der Fall; andere basieren auf meinen Erfahrungen oder wurden mir – wie die Geschichte *Der Segen* – erzählt.

Ich bin keine Schriftstellerin, wie ich sie gerne sein wollte, sondern eben Berichterstatterin, die wie jeder Mensch, von seiner Arbeit etwas zu erzählen hat.

Ruth Weiss
August 1997

Begegnungen
mit der Vergangenheit

Die Liebe des Fräulein Fink

»Guten Tag, Herr Alfons!« Ich hatte ihn nicht am Zoo Lake erwartet, diese hünenhafte Gestalt mit dem breiten Boxergesicht, das so freundlich aussah, wenn er lächelte. So wie gerade, da ich ihn ansprach und er sich umdrehte.

»Ach, König, Sie sind's, guten Tag. Auf dem Weg zum Fußballspielen?« Ich grinste verlegen. Es gefiel uns, daß er uns siezte wie richtige Abiturienten.

Herr Alfons wußte also, daß wir sonntags am Zoo Lake so taten, als seien wir normale Jungen, die davon träumen konnten, eines Tages bei den Springboks mitzuspielen. Und nicht Emigrantenkinder mit wenig Freizeit und noch weniger Talent, die in keiner Mannschaft spielen konnten. Wir gingen ja nur in die Abendschule, um unseren Abschluß zu machen. Dort unterrichtete eben auch Herr Alfons. Mathe, nicht mein bestes Fach.

Wir gingen nebeneinander über den Rasen, der große Mann in seiner hellen Sonntagsjacke, die sich über seiner muskulösen Figur spannte, und ich, etwas gebückt, in meinen kurzen Khakihosen. Fragte mich, was er hier tat, unter dieser zusammengewürfelten Menschenansammlung. Die Stadtverwaltung hatte zu ihrem Ärger festgestellt, daß die Rassengesetze am Zoo Lake nicht galten: Einer der reichen – deutschen – Goldmilliardäre der Gründerzeit hatte den Park den »Bürgern von Johannesburg« vermacht. Das bedeutete: allen Bürgern. Deshalb tummelten sich hier Mitglieder jeder Rassengruppe – nicht nur Weiße, auch Schwarze, die auf Baumstämmen saßen und sich die Haare schneiden ließen, Inder, die Frauen in schillernden Saris, gingen hier um den See spazieren. Die kleinen Ruderboote konnten allerdings nur Weiße mieten, auch der *Tea Room* war »Nur für Weiße«.

»Vielleicht besucht Herr Alfons den *Tea Room«,* dachte ich. Eine Gruppe Frauen ging an uns vorüber, alle mit blauen Kopftüchern, in blitzsauberen blauen Kleidern, darüber weiße Schürzen. An ihrer Spitze schritt ein kleiner Mann, ganz in Weiß gekleidet. Er hielt einen Stock, der doppelt so lang war wie er selbst. Sie sangen ein Kirchenlied, in der herrlichen Harmonie, mit der die Afrikaner singen. Sie schritten an uns vorbei, ohne uns zu beachten. Hatten Augen nur für ihn. Ich glaube, auch wenn er ins Wasser gestiegen wäre, sie wären ihm gefolgt. Natürlich sangen sie. Welche Afrikaner singen nicht, wenn sie zusammen sind? Wir hörten die wunderschönen Stimmen noch, nachdem sie längst unten am kleinen See angelangt waren.

»Man muß nur wissen, wie«, meinte Herr Alfons, und ich nickte. Ich wußte, er meinte den kleinen Propheten, dem die Frauen folgten. Frauen, die in weißen Haushalten arbeiteten – Frauen ohne ihre Männer und Kinder, denn diese durften sie laut Gesetz nicht an ihrem Arbeitsplatz besuchen. Frauen, die vereinsamt waren und deshalb sonntags einem kleinen Mann folgten, als würde er Jesus selbst verkörpern.

Ich blickte Herrn Alfons von der Seite an. Wir wußten so wenig von ihm. Nur, daß er eigentlich ein Herr »von« irgendwas war. Am ersten Tag hatte er mit seinem starken Akzent gesagt, wir sollten ihn »Mr. Alfons« nennen. Das taten wir auch. Nach dem Unterricht, wenn wir deutsch sprachen, wurde aus dem »Mr.« eben einfach »Herr«.

Meine Mutter meinte, er wolle nicht »Herr Oberst a. D.« genannt werden, das klänge komisch, hier in der Emigration. Sie hatte gehört, das »a. D.« hätte was damit zu tun, daß Herr Alfons nach der »Machterschleichung«, wie sie es nannte, gesundheitliche Probleme gehabt hätte. Er konnte seinen Arm nicht steif ausstrecken. Er habe nicht nur »a. D.« gehen müssen, sondern außer Landes. Habe in Hamburg das erste Schiff bestiegen, das auslief. Das sei eben nach Kapstadt gefahren, erzählte Mutter. »Der Mann, dem er den hochgestreckten Arm verweigert hatte, der konnte das gleiche wie unser kleiner Prophet«, dachte ich, »Menschen an sich fesseln.«

»Herr Alfons, würden Sie mit uns trainieren?« Das war mir so rausgerutscht, obwohl ich wußte, daß ich erst Frank fragen mußte, schließlich war er unser Mannschaftskapitän. Dachte, die anderen würden einverstanden sein.

Natürlich waren sie es, auch Frank. Es wurde die beste Trainingsstunde, die wir je hatten. Herr Alfons war klasse. Obwohl Frank mich später herumschubste und fragte, seit wann ich unsere Mannschaft führen würde. Dann sagte er: »Der ist scharf auf Fräulein Fink.« »Quatsch!« Fräulein Fink war so zierlich und klein wie Herr Alfons breitschultrig und groß. Arbeitete als Schneiderin. Nicht von Beruf, sie war Schauspielerin oder so was. Jeder war mal was anderes gewesen, nun war sie eben Schneiderin. Mit blauen Augen, denen nichts entging. Sie war Mutters beste Freundin, und ich war unsterblich in sie verliebt. Herr Alfons? Ich spürte einen Stich im Herzen.

»Sie hat ihn höchstpersönlich aus der Frauenabteilung der Synagoge hinausgeworfen! Gestern. Er dachte wohl, von dort aus würde er die Männer nicht stören. Sie baute sich vor der Treppe auf und erklärte ihm, daß er nicht hinein dürfe. Sagte, er solle seinen Hut aufsetzen, nicht in der Hand halten, und gefälligst zu den Männern gehen! Das tat er dann auch. Stellt Euch vor! Ein Goj geht freiwillig in die Synagoge!«

Wir kugelten uns vor Lachen. Die kleine Fink schimpfte diesen Riesen aus! Ich sagte: »Die Synagoge ist wohl kaum sein Fall, was? Keiner steht dort in Reih und Glied wie beim Militär.«

Plötzlich war mir klar, warum Herr Alfons zum Zoo Lake gekommen war. Aus demselben Grund, aus dem er gestern in die Synagoge gekommen war: Er war einsam. So wie die Frauen in Blau-Weiß. Er war Emigrant wie wir – aber wir gehörten zusammen. Er, der Oberst a. D., er war allein.

Die anderen waren längst gegangen. Ich hatte es nicht eilig, Mutter arbeitete sonntags in einem Restaurant und würde erst spät zu Hause sein. So schlenderte ich ans andere Ende des Sees, wo das Schilf hoch wuchs und wo ich einmal einen großen Fischadler landen gesehen hatte.

Als ich mich der Stelle näherte, hörte ich etwas. Stand ganz still. Musik – Musik, die ich noch nie zuvor gehört hatte. Helle Töne, die sangen und jauchzten, die meine Füße tanzen, mein Herz Takt schlagen ließen. »Eine Flöte«, dachte ich. »Das ist das schönste Flötenspiel, das ich je gehört habe.« Ich stand und lauschte. Afrikanische Musik, aber mit modernem Takt. Großartig. Gekonnt.

Langsam ging ich in die Knie und blickte durch das Schilf. Ich sah ihn sofort. Einen kleinen Jungen, auf einem Stein sitzend, an seinen Lippen eine kleine blecherne Pfeife. *Penny whistle*, Pfennig-Pfeife, nannten die Schwarzen das Instrument. Mit solchem Können hatte ich sie noch nie spielen gehört. Ich schloß die Augen, gab mich der Musik hin.

Da fiel ein neuer Ton ein, erst langsam. Die Flöte zögerte, wurde vom Mund abgesetzt, begann erneut ihr Jubeln. Das zweite Instrument folgte, begleitete den Meister, sie trafen sich, zusammen musizierten sie, die kleine Flöte und die Mundharmonika. Ich wußte, daß es eine war. Hatte ich nicht Stunden damit verbracht, meiner eigenen Mundharmonika einige Töne zu entlocken?

Ich bog das Gras weiter beiseite. Da sah ich sie: den Jungen, der mit wachsender Begeisterung die Flöte spielte, und Herrn Alfons, der ihn überragte, obwohl auch er im Gras saß, während seine große Hand und sein Mund die Mundharmonika singen ließen.

Sie lächelten einander zu, schienen völlig aufeinander eingestellt. Ohne Worte. Die brauchten sie nicht, sie hatten eine andere gemeinsame Sprache.

Überwältigt saß ich im Banne der Musik. Mein Herz hüpfte vor Freude, meine Füße folgten dem Takt. Alles vergaß ich, bis auf eines: Plötzlich gönnte ich Herrn Alfons die Liebe des Fräulein Fink.

Der Segen

»Schön, Sie kennenzulernen, Herr Schattner! Ihr Sohn ist uns ja fast un-
entbehrlich.« Heinrich Witte gab dem alten Mann die Hand und schob
ihm einen Lehnstuhl hin – er hatte offensichtlich Schmerzen in dem einen Bein, das er etwas nachzog. »Wie wäre es mit einer Tasse Kaffee?«
Diet Schattner hatte vor wenigen Minuten mit ihm gesprochen. Ihn gebeten, mit dem Vater zu reden, der unten im Sprechzimmer gesagt hatte, er werde sich keiner Hüftoperation unterziehen. Erstaunlich. Schattner war einer der zuverlässigsten Angestellten im Haus. Er wußte doch,
daß sein Vater in der Klinik in den besten Händen wäre. Warum kam
er mit dieser Routinesache zum Chefarzt? Wie hieß der Vater? Georg
Max, geboren am 1. Mai 1916.
Er ging gebückt, aber man konnte sehen, von wem der Diet die breiten
Schultern und starken Muskeln geerbt hatte. Ein gutaussehender alter
Mann.

»Ja, der Diet is' in Ordnung.« Der Alte nickte zufrieden, die blaß ge-
wordenen Augen zwinkerten. »Macht sich nur Sorgen um mich. Will
mich operier'n lassen, ich sag' ihm, des is' net nötig. Ja, 'nen Kaffee trink'
ich gern mit, Herr Doktor.«
Innerlich seufzend, sagte Witte: »Es ist in ihrem Alter nicht unüblich.
Es würde Ihnen besser gehen, Sie würden keine Schmerzen mehr haben, Herr Schattner …«
Schattner blickte den Arzt über den Tassenrand prüfend an. »Herr Doktor, sagen S' mal … Darf ich offen mit Ihnen reden? Der Diet, der bläst
immer ein Loblied auf den Chef … und da is' wat, was ich noch nie gesagt hab', zu ihm oder zu irgendwem …«
So, jetzt kommt etwas. Er wird von Angst sprechen. Vielleicht hatte er
einmal schlechte Erfahrungen mit einer Narkose oder so etwas ähnliches. »Reden Sie nur, Herr Schattner.« Er reichte eine Schachtel Prali-
nen, Schattner griff zu.

Er sprach erst langsam, dann kamen die Worte stockend, doch klar. »Wissen S', ich war jung damals, im Krieg ... begeistert, für Volk und Vaterland grad'zustehen. Na ja, im Osten war ich, von Anfang an, des war 'ne schwere Zeit. Die Panzer rollten übers Land ... Mer war'n in 'ner Kleinstadt stationiert, ich bin durch die Gassen gelaufen, weiß nich' mehr, warum ich allein war – da hab' ich 's gehört. Ein Riesenkrach, Fluchen, Schreien, grauenhaft, wie da jemand schrie ... Ich stieß 'ne Tür auf, war in 'nem großen Raum, sah wie zwei Männer auf einen eintraten, der am Boden lag. Rannte auf sie zu, schrie: ›Des is' 'nen alter Mann! Was soll denn des?‹ Und die hörten auf; 'nen Schreck ham' s' bekommen. Sie glotzten mich an, einer riß was von 'nem Pult, eine große Rolle, die schmiß er zu Boden. Ich seh's noch wie heute, wie die aussah, oben verziert, wie in Samt und Seide gekleidet. Der eine trat drauf, der andere war schon an der Tür, dann gingen 's. Gingen! Ganz normal, als ob alles normal wär'. Zwei Offiziere war'n des. Ich war ja nur 'n einfacher Soldat.

Ich half dem Mann, der noch immer stöhnte, auf die Beine. Sein weißer Bart war rot vor Blut. Holte Wasser, fand 'nen Lappen. Tat des mindeste. Wissen S', des war ein Betsaal für Juden, den haben die zwei zusammengehau'n. Wie den Rebbe, des war der am Boden. Damals, es war am Anfang, ich hab's ja schon gesagt, da ham' mer net viel gewußt über die Juden.

Den Mann ham' s' übel zugerichtet, aber er stand wieder, ganz klein, blutend. Ein kleiner Mann in einem schwarzen Kaftan. Und irgendwie, da war was besonderes an dem. Die großen schwarzen Augen, tief blickten die mich an, als ob s' in meine Seele sähen. Dann streckte er beide Händ' aus und murmelte was in seiner Sprache. Ein Wort hab' ich mir gemerkt ›Baruch‹ ... Dann hat er auf deutsch gesagt, eine ganz dünne Stimme war's: ›Mein Sohn, ich danke Dir. Der Ewige soll Dich segnen, Dich und die Deinigen. Leben sollst Du bis achtzig!‹ Er legte die Hand auf meinen Kopf und ich hab' so ein komisches Gefühl gehabt, kann ich Ihnen sagen.

Ich hab' nix gesagt, wir haben uns bloß angeschaut. Und plötzlich dachte ich, Mann, was haste da gemacht. Die zwei war'n Offiziere, die warten jetzt auf dich, oder gleich die Feldjäger. Du hast die doch angebrüllt, so was darf doch ein kleiner Soldat gar net.

›Ich muß gehen‹, hab' ich dem Rebbe gesagt, aber der merkte gar nix. Der hat nur die zerrissene Rolle aufgehoben und geküßt. Ich ging raus, dachte: ›So, jetzt gibt's was!‹ Aber draußen wartete keiner.

Und am nächsten Tag, da ist meine Einheit überfallen worden, von Partisanen. Fast alle Kameraden hat's erwischt, zwei ham 's überlebt. Mir is' nix passiert.

Ja, und so ging's weiter. Ich kam irgendwie ohne große Probleme durch den ganzen Krieg. Krankheit, Hunger, Kälte, des war alles normal – aber so richtig passiert is' mir nix. Und um Stalingrad bin ich 'rumgekommen.« Er klopfte sich auf das Bein. »Verwundet. Wurde zurückgeschickt von der Front. Vor Stalingrad. Hab' 'nen Splitter, mit dem hab' ich lange gelebt, da brauch ich kei' neue Hüfte. Bin doch nun 79. Ich hab' nich' mehr lang. Des will ich mir schön machen, wie des ganze Leben bis jetzt war.«

Heinrich Witte fragte leise: »Sie meinen doch nicht … ?«

Georg Schattner nickte: »Oh, ja – der Rebbe hat mir 'nen Segen fürs Leben gegeben … Wissen S', ich war manchmal krank, dies und jenes, schlimme Sachen manchmal. Aber ich' hab' immer zu Mutter gesagt: ›Mach' dir keine Sorgen, leben werd' ich bis 80.‹

Versteh'n S', Herr Doktor, warum ich keine Hüftoperation mehr will?«

Der Arzt saß ganz still. Dann stand er auf und legte seinen Arm um die Schultern des Alten. Leise sagte er: »Ja, Herr Schattner. Ich verstehe es.«

Dr. Witte blickte auf, als seine Sekretärin klopfte und sagte, Diet Schattner habe angerufen, er werde nicht kommen. Todesfall. Sein Vater sei am Morgen nicht mehr aufgewacht. Tags vorher sei er noch in Ordnung gewesen, sogar gut aufgelegt. Gefeiert hatten sie abends! –

Seinen achtzigsten Geburtstag!

Die Kinder

»Buchenwald war ein Sanatorium.«

Ich sah sie fassungslos an, die junge Frau, die plötzlich diesen Satz ausgesprochen hatte. Noch wenige Minuten zuvor hatten wir über meinen Vortrag gesprochen. Über ihren Umzug. Ihre Familie. Und dann ...

Ohne Warnung: » ... ein Sanatorium.«

Sie sprach weiter, errötend. Ich sah ihre Erregung, wußte, es kostete sie etwas, darüber zu sprechen. Wir standen uns gegenüber. Die Veranstalterin war mit Aufräumen beschäftigt, warf uns gelegentlich einen Blick zu. Sie, genau wie meine Begleiterin, konnte unser Gespräch hören.

»Meine Mutter sagte es. Man hätte denen doch nichts getan. Denen wäre es gut gegangen. Sie hätte sie immer beim Arzt gesehen, die hätten ausgesehen wie andere Menschen auch.« Sie spürte meine Betroffenheit, erklärte weiter, hastig: »Ich war elf. In den fünfziger Jahren, wissen Sie. Da hatte sie das gesagt, und ich hab's nicht verstanden. Was sollte das heißen, dachte ich. Buchenwald? Ich wußte doch nichts. Wissen Sie, meine Eltern kamen aus Weimar.«

»Wußte Ihre Mutter es nicht, oder wollte sie es nicht wissen?«

Sie war noch immer aufgeregt. »Sie glaubt es. Obwohl heute – da sagt sie manchmal was, so wie: ›Vielleicht war's doch nicht ganz recht, was man mit den Juden damals getan hat.‹ Aber so richtig erzählt sie nichts. Sie war eben beim ›BDM‹, beim ›Bund Deutscher Mädel‹, und mein Vater war in der ›Hitlerjugend‹. Später war er im Krieg.«

Und Buchenwald war ein Sanatorium.

Sie mußte meine Gedanken erraten haben. »Ich las einmal etwas von einem ehemaligen Häftling, der seinen Spuren nachging. Er wollte wissen, was die Leute in den Häusern sehen konnten, die in der Nähe, verstehen Sie? Er schrieb, vom Fenster sah er ... sah er, daß man alles sehen konnte: die Baracken, die Straße dazwischen, den Wachturm – alles.« Sie schluckte.

»Ihre Eltern wohnten … dort?«

»Ja.« Also die Mutter hatte »die, denen niemand etwas zuleide getan hatte« gesehen. Beobachtet, wie das Sanatorium aussah. Hatte das Grausige täglich erleben können. Hatte sie keine Ohren, keine Augen? Oder war alles richtig so, im Namen von Volk und Führer? Und nun: Was nicht wahr sein durfte, war nicht wahr.

Fast hätte ich nicht mehr gehört, was die junge Frau weiter sagte. »Es durfte zu Hause nicht darüber gesprochen werden. Als meine Mutter sagte, ich solle nichts glauben, was man von damals sagte – in der Schule und so, da fing ich an, mich dafür zu interessieren. Ich hörte von einem Buch, das hieß ›Sternenkinder‹. Ich wünschte es mir zu Weihnachten. Aber …« Sie stockte.

»Sie haben es nicht bekommen?«

Sie nickte. »Es gab kein Buch. Auch andere Bücher gab's bei uns nicht. Und kein Gespräch. Später hab' ich es in einer Bibliothek gefunden.«

Ich wollte sie noch etwas fragen, da lächelte sie. »Meinen Großeltern, denen war das überhaupt nicht recht. Sie wollten nicht, daß meine Mutter zu den ›BDM‹-Mädchen gehörte. Die waren anders.«

»So wie Sie!« Ich wußte, sie hatte sich mit den Problemen des Südens beschäftigt. Hatte sich gegen die Apartheid eingesetzt. Wegen der verschwiegenen Vergangenheit?

Die Veranstalterin war inzwischen fertig und stellte sich neben uns. »Meine Eltern waren auch Nazis«, sagte sie leichthin. Eine große Blonde, zart gebaut, freundlich. »Ich hab' sie nie etwas gefragt. Das war ihr Leben. Ihre Zeit. Nicht meine.« Sie wurde noch deutlicher: »Ich liebe meine Eltern.«

Kinder und Kindeskinder. Es war nicht das erste Mal, daß jemand über »damals« mit mir sprach. Am bedrückendsten war eine Besucherin während meiner Zeit in London. Sie war der erste und einzige Besuch, den ich wieder auslud.

Sie hatte mich angesprochen, bei einer Konferenz. Mich besucht. Eine Flasche Champagner mitgebracht, »um unser Treffen zu feiern«. Sie wollte mir etwas erzählen. Tat es auch, während sie der Flasche zusprach – ich trinke keinen Alkohol. Ich war ihr bereits vorher begegnet, einer großen, kräftigen Frau, die als »Linke« galt. Ich wußte, sie verdiente nicht viel. Sie hatte mir gefallen, als wir uns das erste Mal unterhalten hatten. Wir schienen einiges gemeinsam zu haben. Auch sie war alleinstehend. Sie goß Champagner in ihr Glas. »Man belog mich. 47 Jahre lang. Und jetzt ... Ich wurde krank, als ich es erfuhr, weißt Du. Jetzt geht's mir viel besser.

Voriges Jahr war ich in der Stadt, in der meine Eltern und mein Bruder leben. Mein Bruder fragte mich einmal, ob ich denn gar keine Ahnung von meinen Eltern hätte. Er ist jünger als ich, weißt Du. Zwölf Jahre jünger. Ich wurde im Osten geboren ... Wir hatten ein schönes Haus, es ging uns gut. Bis meine Mutter und ich fliehen mußten. Ich war vier. Wir schafften es, in den Westen zu kommen. Mein Vater, ja, der kam viel später ...

Ich erinnere mich noch, als ich in der Schule zum ersten Mal etwas vom Holocaust hörte. Ich rannte heulend nach Hause und fragte meine Eltern, was damals gewesen sei. Und mein Vater ...« Sie trank einen Schluck, erzählte weiter: »Er schlug mich. Sagte, ich solle nie mehr darüber sprechen. Ich tat's auch nicht. Nach dem Abitur ging ich fort und wohnte nie mehr zu Hause. Natürlich besuchte ich die Eltern. Und die Tante, die Schwester meiner Mutter. Das war es, was mein Bruder meinte: Ob ich denn nicht wüßte, daß meine Tante in einem KZ gearbeitet hatte? Und meine Mutter dazu. ›Sie waren Krankenschwestern!‹, sagte er. Und mein Vater – der war in der SS-Leibstandarte.«

»Wieso wußte Dein Bruder das alles?«

Sie verschluckte sich fast. »Weil er ein Junge ist ... Mein Vater hat ihn oft ins Schlafzimmer geholt und ihm seine Schätze gezeigt. ›Mein Kampf‹ mit persönlicher Widmung, die Bilder und so ... Weißt Du, ich drehte einfach durch.«

Ich sah es ihr an. Sie zitterte, rauchte eine Zigarette nach der anderen. Ich sagte langsam: »Du solltest Dir nicht so viele Gedanken machen. Das hat nichts mit Dir als Mensch zu tun. Du kannst die Schuld Deiner Eltern nicht auf Dich nehmen. Das brauchst Du nicht. Warst Du bei einem Psychiater?«

»Ich hatte einen Zusammenbruch.« Sie stand auf. »Ich muß gehen.«

Ich hielt ihr die Hand hin, sagte impulsiv: »Weißt Du, manchmal tut eine Abwechslung gut … Komm mal zu mir. Im Sommer? Ich nehme mir frei, und wir können zusammen etwas unternehmen.« Ich wollte mich langsam in den Ruhestand begeben. Dachte, es wäre auch für mich angenehm, mit jemandem durchs Land zu fahren. Ausruhen. Spazierengehen. Schön essen. Theaterbesuche.

Wenige Monate später kam sie. Ich freute mich, sie hatte es eingerichtet, einen Tag vor meinem Geburtstag anzukommen. Ich wurde unruhig, als sie sich stark verspätete, obwohl die Fluglinie erklärte, die Maschine sei pünktlich angekommen.

Endlich erschien sie. Mit Whiskey. Wollte nichts essen. Und fing fast sofort an, die Geschichte wieder zu erzählen, sich immer wieder zu beschuldigen, daß sie solche Täter-Eltern habe, diese Nazi-Tante, die inzwischen sehr reich geworden sei.

Sie sprach fortwährend, interpretierte jedes ihrer Worte. Endlich war es Mitternacht, und wir konnten meinen Geburtstag feiern. Ich war sehr müde und angespannt, froh, daß ich endlich schlafen gehen konnte.

Am nächsten Tag schlief sie so lange, daß ich allein aus dem Haus ging. Auch an diesem Tag hatte sie wenig Appetit. Wollte nicht mit mir nach London oder irgendwohin sonst. Wollte nur über dieses eine Thema sprechen. Rauchen. Trinken. Viel telefonieren. Sie deutete alles, was ich tat und sagte, ja auch das, was ich vermeintlich dachte.

Am dritten Tag war ich geschafft. Immer und immer wieder diese Geschichte. Pausenlose Analyse der Zeit, der Führer, Täter, Mitläufer, Opfer. Pausenlose Klage und Selbstanklage. Auch sie – ein Opfer. Ich schlug ihr vor, daß sie alles aufschreiben solle. Sie meinte, das sei eine gute Idee.

Am vierten Tag weckte ich sie um die Mittagszeit. Das Zimmer verraucht, leere Weinflaschen und halbgeleerte Kaffeetassen. Woher hatte sie nur das Geld für den Wein? Und für den Whiskey – eine teure Marke?

Von ihrer Tante, erklärte sie später. Die habe es ja. Von ihr sei auch die Reise. Außerdem habe sie ja auch bald Geburtstag, da schickten die Eltern ebenfalls Geld.

»Ich dachte, Du verachtest sie.«

»Oh ja! Die sind sehr dagegen, daß ich Dich besuche. Die haben noch immer etwas gegen … Juden. Weißt Du, mein Vater war in der Ukraine ein hohes Tier … Wenn alles anders gekommen wäre, hätte er es dort wahrscheinlich bis ganz an die Spitze geschafft.« Ich hörte, wie Stolz mitschwang in ihrer Stimme. »Später war er ein Nichts. Er konnte nie eine richtige Stelle bekommen. Das wurmt ihn.« Sie roch nach Alkohol, Zigaretten, Parfum.

Am späten Nachmittag kam neuer Besuch. Eine junge Deutsche, die einen unerwarteten Urlaub für einen Londonaufenthalt nutzen wollte. Ich kannte sie, seit sie Schülerin war, wir verstanden uns gut. Wir kochten, doch die ältere Besucherin stocherte nur lustlos im Essen herum. Zog die jüngere beiseite, erzählte von ihren Eltern, ihrer Tante. Weinte. Gab ihr Geld, um Wein zu kaufen, ohne daß ich etwas davon wissen sollte.

Auch am folgenden Tag blieb sie in ihrem Zimmer. Meine junge Freundin fuhr zeitig nach London. Als sie zurückkam, saß ich allein am Eßtisch. Mein Besuch war im Gästezimmer. Hatte nur ein Stück Brot nach unten mitgenommen. Meine Freundin flüsterte: »Das kannst Du nicht weiter mitmachen. Sie ist krank!« Ich war bekümmert. »Ich dachte, wir würden zusammen Spaß haben. Ich wollte sie ablenken. Es ist so anders gekommen. Ich hätte sie nicht einladen sollen.«

»Weißt Du, daß sie die ganze Zeit telefoniert?«

»Ja. Sie sagt, sie müsse ihre Arbeit organisieren, von hier aus. Und mit ihrem Arzt sprechen.«

Während wir uns unterhielten, kam mein Gast die Treppe herauf. Sie mußte sich am Geländer festklammern.

Ich bot ihr Essen an. Sie wollte bloß Kaffee. »Weißt Du«, sagte ich, »Du hast gar nichts von diesem Urlaub. Du warst nicht in London. Du bist überhaupt nicht aus dem Haus gegangen!«

»Ich muß so viele Dinge organisieren.«

»Wäre es nicht besser, wenn Du das zu Hause tust?«

Sie schien erleichtert, daß ich ihr die Entscheidung abnahm. Der Fluglinie erklärte ich, daß mein Gast krank sei und trotz Billigticket sofort zurückfliegen müsse. Wir fuhren sie in einem Mietwagen zum Flughafen. Die junge Frau am Flugschalter holte ihren Vorgesetzten. Der sah das Schwanken, das blasse Gesicht und nahm wortlos die Buchung an. Das Gepäck aber unterzog er einer scharfen Untersuchung.

»Ich schicke das Geld für das Telefon«, sagte sie beim Abschied.

Es kam auch, später. Das Geburtstagsgeld der Tante.

»Sie hat die Nabelschnur noch nicht durchtrennt«, meinte ich, »und zu mir ist sie gekommen, weil sie dachte, ich könnte helfen. Ich war irgendwie ihr Blitzableiter. Es ist nicht ihre Schuld! Aber ich kann keine Beichte abnehmen … Das ist zu schwer.«

Meine junge Freundin erwiderte, daß sei auch gar nicht meine Aufgabe. Doch ich höre noch jetzt diese Worte, geraunt während ihres endlosen Monologs:

»Wie kann man mich lieben, wenn ich das Kind von Mördern bin?«

Vergiß den Stammbaum

Es war schwer, über den Rand der Kiste zu blicken. Mit großem Respekt lauschte ich dem Gespräch der beiden anderen im Zimmer, hörte Worte, deren Bedeutung ich nur vage begriff. Fachbegriffe, beide waren Mediziner. Sie, meine beste Freundin und Ärztin, er, ausgebildeter Hämatologe und medizinischer Historiker aus Leidenschaft. Dr. Anne Alexander, Dr. Franz Brenner.

Sie besprachen die Memoiren des Vaters meiner Freundin. Zu seiner Zeit war er bekannt gewesen, sein Name steht noch immer in deutschen Lehrbüchern. Die Memoiren schienen mehr über seine Arbeit als über sein Privatleben auszusagen. Die »Kristallnacht« erwähnte er offensichtlich nur am Rande, er war damals Chefarzt des jüdischen Krankenhauses in Frankfurt gewesen. Kurz danach holten Freunde ihn und seine Frau nach England. Die Kinder schickte man zu Quäkern nach Holland. Meine Freundin wurde gerettet. Ihr Bruder fand als Elfjähriger in Auschwitz den Tod.

Der Doktor reichte Kaffee. Ich nahm dankend an, wobei mich wieder die Kiste störte.

»Was haben Sie denn hier drin?« fragte ich, neugierig wie ich eben bin. Sie paßte wirklich nicht in dieses ordentliche Büro in der Nähe der technischen Hochschule Aachen, mit Blick auf ein altes Kloster, in dem man – so Franz Brenner – wichtige medizinische Funde machen konnte. Im Mittelalter hatte man dort Leprakranke begraben.

»Ach, das ist mein Buch!« Er griff hinein, lächelte mich an, ein gutaussehender Mann etwa Mitte dreißig, und drückte mir ein Exemplar in die Hand: »Die Geschichte der Gesellschaft für Hämatologie«. Anscheinend wurde diese zu Beginn der 30er Jahre gegründet.

Er lächelte noch immer. »Ich muß es selbst vertreiben. Sehen Sie es sich an.« Ich schlug es auf. Am Anfang stand ein Stammbaum. Namen an den Ästen. Unschwer zu erkennen, daß mehrere »jüdisch« klangen.

»Ich bin Hämatologe und außerdem Historiker, also bat mich der Präsident der Gesellschaft, zum 50. Jahrestag deren Geschichte zu verfassen. Bei einem Festessen sollte jedes Mitglied ein Exemplar erhalten. Ich fand die Arbeit sehr interessant.«

»Warum aber haben Sie dann die Bücher noch?«

»Sehen Sie, es gab zehn Gründungsmitglieder. Davon waren sechs Juden. Ich fand das bemerkenswert.« Er zeigte auf das Manuskript, das auf seinem Schreibtisch lag. »Wie diese Memoiren zeigen, haben die jüdischen Mediziner einen enormen Beitrag geleistet. Das habe ich hier aufgezeichnet.« Er blätterte durch das Büchlein, wies auf ein Kapitel, das über die Arbeit der Gründungsmitglieder berichtete. »Mir fiel ein Name auf, der mir aus meiner Studienzeit gut bekannt war. Ein Pionier auf unserem Gebiet. Ich wußte, daß er verstorben war. Dann fand ich heraus, daß er verschleppt und im Lager vergast worden war. Das stand in keinem meiner Lehrbücher.«

»Sie schrieben das?«

»Ja, natürlich. Der Präsident las sich alles durch, erklärte, es sei hochinteressant, gut recherchiert und geschrieben. Weiter sagte er, es sei schade, daß ich soviel Gewicht auf die jüdischen Gründungsmitglieder gelegt habe – ein ganzes Kapitel. Tja, und deswegen meinte er, es sei vielleicht besser, wenn nicht die Gesellschaft, sondern ich das Buch vertreibe ...«

Ich war sprachlos. Fünfzig Jahre danach war für diese Mediziner der Stammbaum noch jüdisch verseucht. Sie leiden eben an einer Krankheit, die nicht einmal die Zeit heilen konnte.

Suchet das Gute

David blickte hinaus auf die blaue Bucht, bewunderte die sich sanft wiegenden Schiffe, die vor Anker lagen. Haifa. Einer der Häfen der Welt, die viel erlebt hatten: Not, Leid, Tod. Große Hoffnungen verbanden sich mit ihm. In den 30er Jahren waren die deutschen Emigranten angekommen. Nach dem Krieg hatte der Hafen die englische Blockade erlitten, den Versuch, die verzweifelten Überlebenden der KZs von Palästina fernzuhalten. Nächtliche illegale Landungen waren die Folge gewesen. Dann, nach dem Abzug der Engländer, war es zum Überfall auf die Hafenfähre durch die Elitetruppen der illegalen jüdischen Armee, den »Palmach«, gekommen und zur Eroberung der Bucht.

Damals war Deutsch die Sprache in Haifa gewesen; viele der deutschen Einwanderer hatten sich hier niedergelassen, so auch die Eltern seiner Frau Deborah. Davids Familie war in Südafrika, in Johannesburg, gelandet. Erst der Unabhängigkeitskrieg hatte ihn 1948 hierher verschlagen. Nicht nach Haifa, aber in den nördlich gelegenen Kibbuz, in dem er die meisten Jahre seines Lebens verbracht hatte.

Er konnte sich noch genau an den frühen Morgen erinnern, an dem er den Zettel unter der Türe gefunden hatte: »Meldung am Sonntag um fünf Uhr vor der Johannesburger Hauptpost.« Natürlich hatte er gewußt, worum es ging. Und natürlich war er gegangen. Wochen vorher hatte sich das Gerücht in der zionistischen Bewegung ausgebreitet gehabt. Es gebe einen Ort, wo Soldaten ausgebildet würden. Für den Kampf gegen die Araber, sollten die Jerusalem angreifen.

Sie hatten angegriffen. Hatten kaum darauf gewartet, daß der letzte englische Soldat das Land verlassen hatte. Viele hatten ohnehin den Arabern geholfen – sie hatten wahrscheinlich genug von den aufsässigen Juden gehabt, die ihnen die letzten Monate ihrer Mandatszeit schwer gemacht hatten. So, wie es die Makkabäer einst den Römern schwer gemacht hatten.

Alte Geschichten. So wie der Zettel unter seiner Tür und das Treffen in der Dunkelheit vor der Hauptpost in der Jeppe-Street, die Fahrt zu der Farm in den Magaliesbergen, wo die Jungen von harten Männern trainiert wurden. Männer, die noch zwei Jahre zuvor in der südafrikanischen Armee in Nordafrika und Italien gekämpft hatten.

David lächelte, erinnerte sich an die abendlichen Feten, die Euphorie, an die kleinen Liebesaffären, an Gesang und Tanz. Und daran, wie scharf die Polizei auf den umliegenden *kopjes* sie bewacht hatte, auch wenn die Antisemiten unter ihnen die Farm vielleicht nur zu gern angegriffen gehabt hätten. So war das unter dem »judenfreundlichen« Premier Jan Smuts gewesen. Unter dem neuen Premier, der kurz danach die Macht für die Nationale Partei übernehmen sollte, wäre das alles anders gewesen.

Auch die Mädchen hatte man gerufen gehabt. Die hatten weniger hart trainiert und sich ums Essen gekümmert. Mitgedurft hatten sie dann freilich nicht, es hatte zu wenige Plätze in den hastig gecharterten Flugzeugen, die die Männer und das Material nach Palästina bringen sollten, gegeben.

Er war geblieben, als einer der ganz wenigen. Und er hatte es niemals bereut. Trotz aller Kriege, aller Probleme, aller schweren Arbeit, all dem Ärger mit den Religiösen. Er hatte seine Deborah geheiratet, eine Genossin aus dem Krieg, sie hatten den Kibbuz mitbegründet und dort ihre Kinder großgezogen.

Nun war er hier, bei seiner Tochter in Haifa, und hatte Sorgen. Langsam nahm er seinen Stock und ging durch die Stadt, wo er sich in einem Café etwas ausruhte, ehe er weiterlief, bis er den Stadtrand erreichte. Dort war der Verkehr weniger hektisch, die Häuser kleiner. David blieb stehen, als er in der Nähe der Hauptstraße die Siedlung erblickte. Zu Beginn hatte auch er einmal in derartigen Baracken gewohnt, in Hütten aus Blech, die am Tag zu heiß und in der Nacht zu kalt waren. Hier war die Erde sandig, der Wind blies ihm ins Gesicht, er konnte den Sand in der Nase spüren.

Zwischen den Hütten tummelten sich Scharen von Kindern. Er hörte ihr Lachen, sah, wie sie mit Gummireifen spielten. Wieder kam die Erinnerung. Einmal hatte er seine Mutter nach Orlando begleitet, einem der schwarzen Vororte, die damals aus der Erde geschossen waren. Sie hatte in einer Suppenküche für Schwarze gearbeitet, was in den 40er Jahren ungewöhnlich gewesen war.

Die Kinder in den ungepflasterten Gassen hatten auch keine Bälle gehabt, kein anderes Spielzeug als vergammelte Autoreifen. Und wie die Kinder in Orlando, waren auch diese Kinder in Haifa schwarz.

Er wollte sich soeben umdrehen, als ein Mann aus einer der Hütten trat. Ein Mann etwa in seinem Alter. Er sah den Fremden, stutzte, winkte freundlich und verbeugte sich leicht, als er »Shalom!« rief. David zögerte, dann überquerte er die Straße und ging auf den Mann zu, der noch immer vor seiner Tür stand.

»Shalom, Shalom!« erwiderte er den Gruß. Die Kinder hatten aufgehört zu spielen und sahen neugierig zu den Männern hinüber.

»Ich ging spazieren«, sagte David. »Tut mir leid, ich wollte Sie nicht anstarren. Nur …« Er war verlegen.

Der Mann lächelte, zeigte blitzend weiße Zähne in dem schmalen Gesicht. »Wie schön sie sind, diese Menschen«, dachte David, »graziös und schön. Männer wie Frauen. Kein Wunder, daß Yael …«

»Ich weiß«, antwortete der Mann. »Wir sind ein Schandfleck in dieser Gegend.«

»Nein!« erwiderte David scharf. »Das können Sie nicht behaupten! Hier haben immer die Neuankömmlinge gewohnt.«

Der Mann trat einen Schritt zur Seite und wies auf die Tür. »Ja, vielleicht – doch nicht so lange wie wir. Wir werden wohl immer hier wohnen bleiben. Wollen Sie nicht eintreten? Sich etwas ausruhen?« Sein Hebräisch war fließend, mit starkem Akzent. Doch wer hatte keinen Akzent? »Wir haben kein Hochhebräisch«, dachte David, sich an seine ersten Versuche erinnernd, diese alte Sprache zu sprechen. Wie ihn die älteren *Chawerim* ausgelacht hatten wegen seines englischen Akzents! Er trat ein, fühlte sich in eine fremde Welt versetzt, war überrascht von der Helle des weiß gestrichenen Raumes. Seine Hütte hatte er damals weniger freundlich gestaltet. Eine kleine Schnitzerei, ein Löwe, stand auf dem niedrigen Tisch, auf dem eine junge Frau gerade mit einem Staubtuch hantierte. An der Wand ein Gemälde, dessen Abbildung David kannte. Die Bildergeschichte der Königin Sheba, die den König Salomon besucht und ihm Rätsel aufgibt. Sie soll ein Kind von ihm bekommen haben. Ein Knabe, der später die Dynastie der Könige von Äthiopien gründete. Ihr Symbol war der Löwe von Juda gewesen. Doch der letzte Kaiser war in einem Putsch in den 70er Jahren erst gefangen, dann grausam erstickt worden.

Deswegen waren sie ja hier, diese Menschen, die jüdischen Äthiopier, schwarze Juden, Nachfahren des Gefolges Salomons, die er ausgesandt hatte, um die Königin zurück in ihr Reich zu begleiten. Sie hatten über Tausende von Jahren wie andere Äthiopier Ackerbau betrieben, in abgelegenen Dörfern gelebt – doch sie hatten nie ihr Judentum abgelegt. So die Legende. Was war die Wahrheit?

Ein Stuhl wurde ihm hingeschoben. Der Mann verbeugte sich erneut und sagte förmlich: »Willkommen im Haus des Joshua Tawila.«

»Danke«, erwiderte David. »Ich heiße David Halevi.«

»Willkommen«, wiederholte Joshua und setzte sich auf einen Hocker. Die Frau knickste, entfernte sich hastig. David hörte, wie im Nebenzimmer geflüstert wurde und das Klirren von Geschirr.

Wenige Minuten später kam sie zurück, gefolgt von einer älteren Frau, beide trugen Tabletts mit kleinen Kaffeetassen und Keksen. Auch das hatte David gewußt. Die Äthiopier waren gastfreundlich, nach afrikanischer Sitte.

Die Frauen wurden vorgestellt, blieben aber nicht. Dafür kamen einige Männer aus den Nachbarhütten, auch ihnen wurde Kaffee angeboten. Wie Joshua sprachen sie gutes Hebräisch.

Das Gespräch kreiste um verschiedene Themen, Sport, die Lage in Bosnien, bis es schließlich unvermeidlich bei ihrer eigenen, komplexen politischen Lage ankam. David hörte zu, sprach nur wenig. Er war beeindruckt von ihrer Art, jedes Thema aufzugreifen und zu diskutieren. Über die Bibel wußten sie gut Bescheid, obwohl sie nur die ersten vier Bücher Mose gekannt hatten. Irgendwie hatte er das nicht erwartet. Als eine Pause entstand, fragte er, was sie von ihrer neuen Heimat hielten.

»Operation Zauberteppich«, antwortete ein junger Mann verächtlich. »Man hat uns hierher gezaubert. Manchmal meine ich, es war ein schlechter Zauber.«

Joshua blickte ihn ärgerlich an. »Das kannst Du nicht sagen, Tesfaye! Wir sind im Gelobten Land, das haben wir uns immer gewünscht ... ›Im nächsten Jahr in Jerushalajim‹ ... Sagten wir das nicht bei jedem Passahfest?«

»Oh ja«, erwiderte der Jüngere, ein attraktiver Mann von etwa dreißig, mit blitzenden, tiefbraunen Augen, der eine Armeeuniform trug. Offensichtlich war er auf Urlaub. »Wir sind aber nicht in Jerusalem. Wir sind in Haifa in einer Barackensiedlung. Oder in der Armee.«

David schluckte. »Das haben wir auch jedes Jahr gebetet. Auch wir wurden enttäuscht. In meiner Jugend dachten wir, wir würden die Welt verändern! Ein Modelland aufbauen, in dem nicht nur die Wüste, sondern auch die menschlichen Werte neu erblühen!« Er setzte seine Tasse ab. »Man hat's uns vermasselt. Unsere Feinde und unsere Orthodoxen.«

Der junge Soldat war nicht mit der Antwort zufrieden. »Ach was, das war bloß die Schwärmerei junger reicher Juden aus dem Westen! Aber wir – was sind wir denn? Wir sind ganz unten in dieser Apartheidgesellschaft! Oben seid ihr, die Ashkenasi, die Hellhäutigen, aus Rußland, Polen und Deutschland – dann die aus anderen Ländern – dann kommen die Dunkelhäutigen aus arabischen Gebieten – und dann kommen wir: auf dem letzten Platz!«

David sagte: »Wir bewundern Eure Treue zur Religion durch die langen Jahrhunderte ...«

Tesfaye unterbrach ihn. »Oh ja! Deswegen sind wir trotzdem weniger wert als die Neuen aus Rußland, die kein Wort Hebräisch können und wahrscheinlich nicht mal Juden sind! Von der Thora haben die wenig Ahnung, und von den meisten der Gebote halten sie auch nicht viel. Ich hab' neulich einen erwischt, der dabei war, sein Gewehr zu verkaufen. Ich fragte ihn, ob er vielleicht mal an die Worte des Propheten Amos denke, der sagte ›Suchet das Gute und nicht das Böse, auf daß Ihr leben könnt!‹ Er hat mich ausgelacht. Und Recht hatte er, denn er kam mit einem Verweis davon. Die Russen sind ja weiß. Das ist für Euch wichtig! Doch wir ... wir, die Äthiopier, sind nur Eure höchstpersönlichen – Kaffern!«

Joshua sprang auf, bebend vor Aufregung. »Ich verbitte mir das, Tesfaye! In meinem Haus beleidigt man keinen Gast! – Nur weil er aus Südafrika ...« Er stockte und blickte David erschrocken an.

Der sagte trocken: »Sie haben mich erkannt, Herr Tawila?« Joshua senkte den Kopf: »Entschuldigen Sie – aber wie kann man den berühmten Dichter Halevi nicht erkennen?«

David Halevi stand auf, legte die Hand auf den Arm seines Gastfreundes: »Schon gut – laßt uns aufhören, Theater zu spielen! Sie haben nicht einen Dichter erkannt, sondern den Großvater von Yael Mendel, die mit einem Mann aus dieser Siedlung verlobt ist. Und ich – ich bin hier hergekommen, weil ich sein Zuhause sehen wollte, ehe er mir vorgestellt wird ... Das war ungehörig von mir. Ich hätte besser anrufen sollen, um mich bei seinen Eltern und bei ihm anzumelden.«

Sie bildeten einen Kreis. Keiner sprach.

David sagte leise: »Ich muß mich entschuldigen ... Können Sie mir meine Unhöflichkeit verzeihen? Und ist vielleicht einer von Ihnen mit meinem zukünftigen Enkel verwandt oder befreundet?«

Joshua lachte schallend: »Befreundet sind wir alle mit ihm, und einige sind mit ihm verwandt. Wie zum Beispiel ich.« Er streckte eine Hand aus und zog Tesfaye aus dem Kreis: »Und dieser hier ist wohl sein engster Verwandter. Darf ich Sie mit diesem unverschämten Jungen bekannt machen? Herr Dr. Halevi – mein Neffe, Gideon Tesfaye, der Verlobte Ihrer Enkelin.«

Afrikanische Impressionen

Die Reise nach Gaborone

»Warst Du später noch einmal in Gaborone?«
Ich lächelte Sie an, diese gutaussehende Frau in ihren besten Jahren. Wir hatten uns fast dreißig Jahre nicht mehr gesehen. Seit unserer Reise nach Gaborone. Nun besuchte sie mich mit ihrem Mann auf der Insel Wight.
»Ja, ich war oft da.« In Gaborone, der Hauptstadt der Republik Botswana. Bilder meines letzten Besuches stiegen in mir auf: Kinder, die um mich herum jauchzten, als ich durch das Einkaufszentrum schlenderte, wo es alles zu kaufen gab – vom neuesten Videogerät bis zu gefrorenem Fisch, obwohl Botswana ein Binnenland, weit entfernt vom Meer, und die Hälfte der Bodenfläche von der Kalahari bedeckt ist. In den 90er Jahren ist Botswana eben das zweitreichste Land im südlichen Afrika mit einem jährlichen Pro-Kopf-Einkommen von 2.040 US-Dollar, auch wenn es – genauso wie der große Viehbestand des Landes – sehr ungleich verteilt ist. Wie in vielen anderen Staaten besitzen fünf Prozent der Bevölkerung 95 Prozent des Reichtums.
So gut ging es dem Land nicht immer. Nach der Unabhängigkeit im Jahre 1966 stützte sich die Wirtschaft auf die großen Viehherden und den Tourismus, außerdem waren Kohle, Kupfer und andere Metallvorkommen wichtig. Mit der Entdeckung der großen Diamantenfelder in den 70er Jahren änderte sich die Lage. DeBeers, Südafrikas Weltkonzern, ist gemeinsam mit der Regierung an der Ausbeute der Edelsteine beteiligt. Während der 80er Jahre profitierte davon vor allem die kleine Elite.
»Es sah anders aus als das Gaborone, das wir damals suchten, Vicky.«
Ich wandte mich ihrem Mann zu und erzählte von der Reise …

Es war Mitte des Jahres 1965. Damals existierte Schwarzafrika für die südafrikanischen Medien nicht. Mein Vorschlag in der Redaktion der *Financial Mail*, daß wir uns die vor der Unabhängigkeit stehenden Nachbarstaaten ansehen sollten, die Hochkommissargebiete Basutoland*, Betschuanaland* und Swasiland, wurde mit nervösem Lächeln quittiert. Man wußte ja, ich war schon in Schwarzafrika gewesen. Aber würde es die Leser interessieren, was dort vorging? Südafrikaner wußten nur, daß der Häuptling Seretse Khama unverschämterweise eine weiße Engländerin geheiratet hatte und dafür von den Briten des Landes verwiesen worden war. Doch er war zurückgekommen – mit seiner Frau – und würde nun sicher der erste Premierminister werden.

Mein Chefredakteur, George Palmer, entschied, daß sich unsere Leser vielleicht doch für das Thema interessieren könnten.

»Fahr erst nach Betschuanaland. Dort gibt es weiße Großfarmer, wir kaufen ihnen ja Fleisch und Häute ab. Das Kohlebergwerk könnte ebenfalls von Interesse sein.« Nicht vorstellen konnte er sich, daß afrikanische Kleinbauern oder schwarze Politiker »von Interesse« sein könnten.

Man stellte mir einen großen Wagen mit schwarzem Chauffeur zur Verfügung. Als das bekannt wurde, fanden sich plötzlich Kollegen ein, die mitfahren wollten. Am Ende waren wir ein großes Team: meine Freundin Virginia – Vicky –, unsere junge Grafikerin, dann die Landwirtschaftskorrespondentin, eine Engländerin, mitsamt ihrem kleinen Sohn. Ihr Mann war im Kongo in der Zeit der 1960er Krise umgekommen, und der Job bei der *Financial Mail* war ihr erster. Zuletzt unser jüngstes Redaktionsmitglied, Desmond, ein wißbegieriger Neunzehnjähriger mit blendender Figur, der unser Aktienexperte war. Später wurde er innerhalb weniger Jahre zum Millionär, doch genauso schnell kamen ihm die Millionen wieder abhanden. Südafrika war eben so.

Wir fuhren also nordwestlich durch den Transvaal, hielten kaum an, nur einmal in Rustenburg, einer der Hochburgen des Burentums. Wir merkten kaum, daß wir Betschuanaland erreicht hatten. Keine Grenz-

---

* Aus Basutoland, das ab 1884 eine britische Kronkolonie und bis zur Unabhängigkeit 1966 britisches Hochkommissargebiet war, wurde das heutige Königreich Lesotho. Betschuanaland ist die heutige Republik Botswana. Ein einzelner Bürger Botswanas wird *motswana* genannt, mehrere *batswana*.

posten, keine Drähte, keine Wachttürme. Die kamen erst später. Damals erkannten politische Flüchtlinge kaum die Grenzen, wenn sie über Schleichwege in die benachbarten Gebiete kamen. Viele Aktivisten waren – nach den Razzien und politischen Prozessen dieser Jahre – in Südafrika nicht mehr sicher.

Hilda Bernstein, zusammen mit ihrem Mann Lionel – »Rusty« –, der einer der Angeklagten im Rivonia-Prozeß war – zwar freigesprochen, aber weiter »verdächtig« – hatte Südafrika auf diesem Weg verlassen. In ihrem Buch »Die Männer von Rivonia« beschreibt sie ihre Flucht. Ein Fluchthelfer wies mit der Hand die Richtung und sagte: »Dort, wo Sie den Hahn krähen hören, da ist Betschuanaland …«

Nun waren wir also dort. Um uns offenes Feld, hohes Gras, keine krähenden Hähne, keine Hütten weit und breit. Vicky, die neben dem Fahrer saß und die Karte studierte, sagte: »Wir sind richtig gefahren! Wir sollten jetzt in Gaborone sein.«

Jeder sah sich die Karte an, verglich sie mit dem Weg, den wir eingeschlagen hatten. Irgendwo mußten wir doch verkehrt gefahren sein: Hier stand jedenfalls nicht die Hauptstadt eines jungen Staates. Wir sahen ein großes, grünes Gebäude, kein Mensch war darin. In seiner Nähe etwas, das aussah wie eine leuchtende Kugel. »Ein Wasserturm«, meinte die Engländerin. Ihr Sohn war längst auf Desmonds Schoß eingeschlafen.

Endlich erschien, auf einem wackligen Fahrrad sitzend, das erste einheimische Wesen, das wir seit Stunden trafen. Unser Fahrer sprach ihn in Tswana an. Er nahm seinen Hut ab, grüßte freundlich und etwas verwirrt über unser Interesse, deutete auf das Feld. Der Fahrer übersetzte: »Er sagt, das hier sei Gaborone.«

---

* Die Aushebung des geheimen ANC-Hauptquatiers auf einer Farm in Rivonia führte zu Verhaftungen und zur Anklage wegen Hochverrats. Im anschließenden Prozeß wurden 1964 der bereits zuvor in Haft sitzende Nelson Mandela und weitere Führer des ANC und der Congress-Partei zu langen Haftstrafen verurteilt.

Hier also sollte die Unabhängigkeit innerhalb der nächsten neun Monate erklärt werden? Ich wußte, daß Betschuanaland bislng von Mafeking aus verwaltet wurde. Mafeking, das während des Burenkrieges durch seine lange Belagerung und späte Befreiung berühmt geworden war, lag jedoch auf der südafrikanischen Seite der Grenze. So sollte also Gaborone Hauptstadt des neuen Staates werden. Nun ja …

Unsere Landkarte verriet, daß die Eisenbahnstrecke von Südrhodesien durch Gaborone fuhr, also mußte es hier eine Bahnstation geben. Wenige Minuten später fanden wir sie. Ein kleiner Bau neben schmalspurigen Schienen, so wie wir sie aus anderen Flecken kannten – staubige Veranda, eine Bar neben dem Wartesaal, ein Beamter, der hinter seinem Schalter döste. Die Ruhe wurde jäh unterbrochen. Wir hörten das Pfeifen eines Zuges. Innerhalb weniger Minuten kam Leben in den Ort. Gaborone schien sich um seinen Bahnhof zu drehen. Frauen eilten herbei, boten auf ausgelegten Tüchern ihre Waren an: gebratenes Fleisch, geröstete Maiskolben, kleine Strohtaschen und Körbe. Der Zug dampfte ein. Noch ehe er hielt, sprangen Passagiere aus der dritten Klasse heraus, während die Weißen aus den Waggons erster und zweiter Klasse mißmutig zusahen. Die Schwarzen drängten in die Bar, wo die Flaschen bereits auf sie warteten. Das große Geschäft des Tages. Erst nachdem sie ihre Kehlen benetzt hatten, kauften sie bei den Frauen etwas zum Essen. Dann sprangen sie schnell wieder auf den Zug. Ein lauter Pfiff, und der Zug fuhr ächzend los. Die Frauen packten ihre Sachen zusammen. Gaborone hatte für den Rest des Tages Ruhe.

Weiter nach Lobatsi. Dort war der Umschlagplatz für Vieh, es gab ein Hotel, das uns aufnahm. Darin fand sich Platz genug für alle. Manchmal stiegen dort Touristen ab, ehe sie mit einheimischen Führern eine Safari in die Okavango Swamps unternahmen. Dort teilten sich die *san* – »Buschmänner«, wie man sie nannte – Wasser und Boden mit riesigen Herden von Zebras, Gnus, Wasserböcken, Nashörnern.

Ich wußte: Durch dieses wilde Gebiet, das ich selbst erst einige Jahre später besuchen konnte, gab es einen Schleichweg für Flüchtlinge nach Sambia. Etwas, worüber ich mit meinen Kollegen nicht sprechen konnte.

In der Bar freundete sich Desmond mit einigen jungen *batswana** an, die ihn zu einer politischen Versammlung schleppten. Vicky war umgeben von mehreren jüngeren Weißen, die mit ihr flirteten. Unsere Engländerin war Mittelpunkt einer Gruppe älterer, stämmiger Farmer, die ihr mit Nachdruck erklärten, daß kein *motswana** je fähig wäre, eine Großfarm zu organisieren. Ihr Land verkaufen? Hm, vielleicht. Die meisten aber wollten bleiben.

»Warum nicht? Es lebt sich gut hier. Daran wird sich auch nach dieser sogenannten Unabhängigkeit nichts ändern.« Wir wurden eingeladen, am nächsten Tag einige der Farmen zu besuchen.

Ich hatte etwas anderes vor. Ich hatte Namen, eine Telefonnummer, die ich schnell wählte. Als abgehoben wurde, meldete ich mich sofort und gab durch, wo ich zu erreichen sei.

Wenige Stunden später klopfte es leise an meiner Tür. Ein *motswana* lächelte mich an. Wir schlichen zusammen hinaus, er fuhr mich zu einem Haus. Ich hatte Geld und Briefe für Flüchtlinge. Es war gefährlich, aber verglichen mit dem, was diese Menschen auf sich genommen hatten und weiter auf sich nahmen, war es ein kleines Risiko. Keiner in jenem kleinen Haus war geflohen, um die eigene Haut zu retten, sondern um im Exil weiter politisch zu arbeiten. Ich bewunderte ihren Mut, ihre Entschlossenheit. Man empfing mich freundlich, vertraute mir, wollte natürlich so viele Neuigkeiten wie möglich direkt aus Johannesburg erfahren. Auch ich erfuhr Neues.

Einige der Flüchtlinge kannte ich. Mehrere waren, wie die Bernsteins, Mitglieder der Kommunistischen Partei. Eine Freundin, für die ich Briefe hatte, war längst weiter nach Tansania geflohen, aber man versprach, alles nachzusenden. Betschuanaland konnte nur ein vorübergehender Zufluchtort sein, sobald wie möglich begaben sich die Flüchtlinge nach Sambia oder – wenn das Geld für einen Flug vorhanden war – nach Tansania. Die Grenze zu Südafrika war einfach zu nah, für südafrikanische Sicherheitsbeamte war sie leicht zu überqueren. Ich wußte, daß einige der Anwesenden weiter nach Daressalaam wollten. Das schafften sie auch. Viele von ihnen aber kamen nach 1990 nicht triumphierend nach Hause zurück: Sie waren im Exil gestorben oder eben zu alt und krank geworden.

Beim Frühstück am nächsten Tag im Hotel, als wir unsere Eindrücke austauschten, erzählte ich nichts vom vorigen Abend. Dafür begann ich, stärker an dem eigentlichen Thema der Reise zu arbeiten, sammelte Unterlagen über Wirtschaftspläne, organisierte Gespräche mit schwarzen Politikern sowie eine Reise zu einem Häuptling, der von der britischen Schriftstellerin Naomi Mitchinson adoptiert worden war und der sie zur »Mutter der Nation« gemacht hatte. Mitchinson, damals schon 69 Jahre alt, war zufällig bei ihrem Adoptivsohn. Sie hatte eine Druckmaschine mitgebracht, auf die sie mit Recht stolz war – ein erstes Entwicklungsprojekt für »ihr« Volk. Durch Mitchinson erhielten wir unseren ersten Einblick in das Leben der *batswana* und in die Politik ihres Landes.

Nach fünf Tagen fuhren wir zurück, erzählten begeistert von unseren Erlebnissen, verfaßten zusammen eine Sonderausgabe. Unsere Beschreibung von Gaborone machte großen Eindruck auf unseren Kollegen Antony Martin, der u.a. für die Londoner *Financial Times* schrieb. Als er neun Monate später für die *FT* – und natürlich auch für unser Blatt – über die Unabhängigkeitsfeier in Gaborone berichten sollte, bestellte er aus Mafeking Brieftauben. Nach unserer Beschreibung konnte er sich nicht vorstellen, wie er von dort ein Telex würde senden können.

Und doch: Innerhalb kurzer Zeit hatten die Briten den Batswana eine Hauptstadt errichtet. Es gab die ersten Ministeriengebäude – das grüne Gebäude war zum Finanzamt geworden – dazu Hochhäuser und ein Presseamt mit Telefon und Telex.

Antony aber ließ sich nicht davon abbringen, seine Brieftauben einzusetzen. Im Bericht der *Financial Times* erschien dann die triumphierende Absenderzeile: »Pigeon Post, Gaborone ...«

44

Abeokuta

Meine späteren Reisen von Lagos aus ins Landesinnere Nigerias unternahm ich mit dem Flugzeug. »Teuer, aber viel schneller«, sagte ich mir. Und versicherte allen, daß das mit einer Taxifahrt nach Abeokuta zu Beginn der 60er Jahre gar nichts gemeinsam habe. Als ich mir meinen Weg durch das alltägliche Verkehrschaos von Lagos bahnte, dachte ich an meinen ersten Ausflug nach Abeokuta zurück. Also zumindest bin ich heil zurückgekommen. Das alleine war bemerkenswert. Bedenkt man, daß die Straße nicht mit guten Vorsätzen, aber mit tiefen Schlaglöchern gepflastert schien. Abeokuta – eine Stadt in Yorubaland, Handelszentrum, wohlhabend, und mit einer langen Geschichte …

Nachdem wir am dritten Autowrack am Straßenrand vorbeigefahren waren, dazu ein paar Lastwagen auf der Gegenfahrbahn überholen mußten – mein Fahrer wechselte dabei grinsend einige Grüße – erwähnte ich ziemlich nervös, daß ich es eigentlich gar nicht eilig hätte. »Aber alle weißen Männer haben es eilig.« Er warf mir einen Blick zu und mußte entweder bemerkt haben, daß ich kein Mann war oder daß mir die Schweißperlen auf der Stirn standen. Sein Name war Babu, ein Yoruba, mit langem Knochenbau, ein massiger Mann. Ich überlegte, ob wohl ein Zwillingsbruder von ihm vorher auf dem Beifahrersitz Platz genommen hatte. Er hing jedenfalls extrem durch, und ich war sicher, daß das mit mir nichts zu tun hatte. In diesen fernen Tagen war ich ein ziemliches Leichtgewicht.

»Ich fahre nicht zu schnell«, besänftigte Babu mich, nachdem er mein Problem verstanden hatte. Er umfuhr gerade routiniert einen riesigen Krater vor uns, um nur Sekundenbruchteile später den Daimler zu bemerken, der auf uns zuraste. Überraschenderweise gerade noch rechtzeitig. »Oh Gott!« rief ich und schloß die Augen.

»Genau deshalb brauchen Sie keine Angst zu haben«, entgegnete Babu und trat aufs Gaspedal, um seine vom Ausweichmanöver unterbrochene Fahrweise wieder aufzunehmen. »Es kann uns gar nichts geschehen.« Ich hielt meine Augen fest geschlossen. Ich hatte die Kurve vor uns schon gesehen, und nach meinen bisherigen Erfahrungen nutzte Babu genau diese Gelegenheit, um zu Höchstgeschwindigkeit aufzudrehen. Der Wagen quietschte um die Kurve. Langsam öffnete ich meine Augen wieder.

»Sehen Sie?« Babu frohlockte. »Nix passiert! Kann auch nicht. Bin Christ. Jedesmal, wenn Kurve kommt, mach' ich Kreuzzeichen.«

Wie gesagt, wir kamen an … »Mission der Kleinen Schwestern« oder so etwas in der Art. Dreißig Jahre sind eine zu lange Zeit, um sich daran noch zu erinnern.

Die Begrüßung nahm weder eine kleine noch eine große Schwester vor, sondern ein deutscher Arzt. Dr. Heinrich lebte schon sehr lange in Abeokuta, bereits zuvor hatten mir deutsche Fernsehjournalisten, die ich hier treffen wollte, seinen Namen gegeben. Ich hatte ihnen erzählt, was mir eine der Marktfrauen berichtet hatte, daß nämlich nach langen Jahren des Streits ein neuer Häuptling für Abeokuta gefunden worden sei. Sie waren begeistert, wollten die Inthronisierung des Häuptlings filmen und versprachen zu kommen. Sie wollten mich außerdem auf der Rückfahrt in ihrem Wagen mitnehmen.

Noch sei niemand angekommen, sagte der Arzt. Er, ein Endvierziger mit der Höflichkeit der Alten Welt, lud mich zum Essen ein. Fragte beim Kaffee, ob er rauchen dürfe und entzündete eine gräßlich stinkende Zigarre.

Dann sprach er über den Häuptling. »Ein Richter. Zumindest war er bisher Richter. Er hat an einer britischen Universität Jura studiert.« Er wurde plötzlich still und ich sagte, daß das doch eine gute Sache sei. Ein gebildeter Mann.

Die ins Leere schweifenden Augen des Arztes blickten mich wieder an: »Ja, aber ist es auch gut für ihn? Er wollte nicht Häuptling werden, wissen Sie. Sie haben ihn dazu gemacht.«

Ich verstand nicht, was daran schlimm sei, aber der Arzt fuhr fort: »Es gibt in diesem Stamm zwei königliche Familien. Sie stellen abwechselnd den Häuptling. Nur dieses Mal konnten sie sich nicht auf einen Kandidaten einigen. Der Streit dauerte Jahre. Bis dann der Königsmacher – es ist natürlich eine Frau – diesen Mann zu sich rief. Sie sagte ihm, daß es seine Pflicht sei.« Er sah mich traurig an.

»Na ja, er kann sein Richteramt doch wohl weiter versehen, oder? So weit ist Lagos ja nun nicht«, meinte ich und dachte: »Zumindest, wenn man einen guten Wagen mit einem vorsichtigen Fahrer hat!«

Er antwortete leise: »Ich kenne ihn. Es ist ein guter Mann. Ein ausgezeichneter Schachspieler. Und er ist ein großer Weinkenner.«

Ich war erfreut. Ich hatte nicht erwartet, solche Einblicke in das Leben des neuen Herrschers von Abeokuta zu erhalten. »Doktor, glauben Sie, Sie könnten mich ihm vorstellen? Ich würde gern ein Interview …«

Er schien mich gar nicht zu hören. »Ich besuchte ihn in seinem Palast, kurz nachdem er angekommen war. Wir kamen gut miteinander aus. Besonders nachdem er herausgefunden hatte, daß ich Schach spiele. Ich war fast jeden Abend bei ihm. Bis dann …« Wieder wurde er still und griff nach einer weiteren Zigarre.

»Soweit ich weiß, muß sich ein Häuptling vor den Feierlichkeiten, die wir morgen sehen werden, einem Initiationsritus unterziehen«, bemerkte ich. Das brachte den Arzt wieder zum Reden. »Das ist genau das Problem, verstehen Sie das nicht! Sie haben begonnen, ihn einzuweihen – und ich bemerkte, wie er sich veränderte. Langsam. Zuerst wurde sein Spiel schlechter. In der ersten Woche konnte ich seine Verteidigung nicht knacken. Danach war er fast jeden Abend schachmatt. Als er ankam, war er sauber rasiert, dann ließ er sich einen Bart wachsen. Und natürlich ersetzte er den Anzug, in dem er hier ankam, durch die traditionellen Kostüme.«

Ich war der Meinung, daß das so richtig sei. Ich mochte die farben-prächtigen Gewänder und die Kopfbedeckungen der Yorubas, und das sagte ich ihm. Ihn interessierten meine Kommentare überhaupt nicht. »Sie haben für ihn auf dem Palasthof eine Hütte gebaut. Und vor drei Wochen ist er dorthin umgezogen. Da habe ich ihn zum letzten Mal ge-sehen. Der Erste Berater empfing mich, als ich eines Abends zum Palast kam. Er sagte, mein Freund sei beschäftigt und habe für nichts anderes mehr Zeit als die Inthronisierung.«

Erschrocken fragte ich: »Dann haben Sie ihn also nicht mehr wieder-getroffen?«

Ein rauhes Lachen: »Doch, heute. Ich ging zum Palast, um ihm für mor-gen alles Gute zu wünschen. Es war niemand zu sehen, also betrat ich die Hütte. Himmel ja, ich habe ihn gesehen! Ich habe kein Wort gesagt – auch nicht, bevor der Berater kam, um mich fortzuschicken ... Er hat mich noch nicht mal erkannt.«

Da saß er, in Gedanken versunken. Ich fragte ihn ängstlich, wie er sich denn verändert habe.

»Er ist ein anderer geworden! Ich habe einen kultivierten Menschen kennengelernt. Einen zivilisierten Menschen. Und jetzt ... sah ich ei-nen Wilden in dieser stinkenden Hütte! Einen Heiden, der nach ranzi-gem Öl roch und weiß der Teufel, wonach noch! Sie haben ihn verhext!«

Er beugte sich näher zu mir. »Früher haben sie in der Nacht vor der In-thronisation sieben Jungfrauen getötet. Sie haben ihre Körper auf den Felsen zerschmettert. Ein anderer Teil ihrer Tradition bestand darin, dem Häuptling in der Nacht vor der Inthronisation eine Speise zu rei-chen – ein ganz besonderes Gericht.« Wieder ein Lachen ohne Vergnü-gen: »Die Leber einer Jungfrau! Ich hoffe, daß sie zumindest diesen Teil der Zeremonie diesmal weglassen.«

Ich schüttelte mich. Der Arzt erhob sich, verbeugte sich und wünschte mir eine gute Nacht.

Das Fernsehteam traf früh am nächsten Morgen ein, und wir gingen zum Palast. Er war abgesperrt, aber die Soldaten ließen uns auf einen freien Platz nahe der Absperrung, nahe genug, um zu filmen. Um einen großen Baum herum war der Boden erhöht und dorthin ging ich. Der Kameramann stellte sich neben mich. Einige Peace-Corps-Mitarbeiter riefen mir vom Baum herab zu, sie hätten dort oben einen guten Aussichtsplatz gefunden.

Wagen um Wagen rollte heran, da Diplomaten und andere VIPs herbeiströmten, um ihre Plätze auf der Tribüne innerhalb des Palastgeländes einzunehmen. Die Trommeln waren schon die ganze Nacht zu hören gewesen. Jetzt aber veränderte sich ihr Ton, der Rhythmus wurde schneller und die Zeremonie begann. Als ich später den Film ansah, war darin nur eine Hälfte des Schauspiels bewahrt. Oh ja, er war vollständig: der Tanz der Frauen des alten Häuptlings, die der neue erbte, die Sprünge und Verrenkungen der Berater, die Prozession mit dem Häuptling selbst. Sein herrliches Gewand war zu sehen und seine riesigen Sandalen, die seine überwältigende Macht symbolisierten, ihn aber auch behinderten und dazu zwangen, sich im Schneckentempo zu bewegen. – Aber die Atmosphäre, die Magie, all das war nicht eingefangen.

Und dann – nach Stunden endlich das große Finale: der Augenblick, an dem der Königsmacher, eine steinalte Frau, dem Häuptling Stab und Schwert reichte. Sie salbte ihn zum Häuptling.

Von dem, was danach kam, gab es keine Bilder mehr, denn in diesem Moment wurde die Menge wild. Sie brüllte wie aus einem einzigen gigantischen Mund, die Absperrung brach, und Tausende von Menschen rannten auf den Zaun zu, entschlossen, etwas zu sehen, zu fühlen, Teil dieses Ereignisses zu werden. Ich sah, wie der Kameramann weggezogen wurde, seine Augen verzweifelt aufgerissen. Dies alles geschah zu einer Zeit, als es so etwas wie tragbare Videokameras noch nicht gab; es ist wirklich ein Wunder, daß überhaupt etwas von dem Film übrigblieb. Ich hielt mich verzweifelt an dem Baum fest, Hände langten herunter. Vor lauter Angst, von der Menschenmenge verschluckt zu werden, klammerte ich mich fest. Kommandos gellten, es krachte, Schreie. Die Menschen wurden von Schlagstöcken und Gewehrkolben zurückgetrieben.

So schnell diese Flut losgebrochen war, so schnell verebbte sie, aber die Ebbe war genauso gefährlich wie die Flut. Ich fürchtete, daß meine Handgelenke brechen würden …

Die Menge war wieder fest unter Kontrolle. Die Peace-Corps-Mitarbeiter kamen herunter, hübsche amerikanische Jungs. Das Fernsehteam war nirgends zu entdecken. Die Gäste auf dem Palastgelände bewegten sich ins Innere des Palastes. Die Zeremonie war beendet.

Die Jungs schlugen vor, mich zur Mission mitzunehmen, und ich war einverstanden. Aber das war einfacher gesagt als getan. Als wir die Straße erreicht hatten, bemerkte mich eine Gruppe johlender Frauen. Binnen Sekunden war ich umringt von lachenden, tanzenden Frauen. Eine weiße Frau! Eine Sensation. Sie hatten nichts Böses im Sinn, ich konnte ihre Freude spüren. Ich wußte nicht, was aus den Amerikanern geworden war. Ich jedenfalls begann, den Schritten der Frauen zu folgen. Für eine Südafrikanerin war das nicht schwer, hatte ich nicht das *kwela* im Township Shebeens beobachtet und mitgetanzt? Meine unerwarteten Bewegungen freuten die Frauen und spornte sie an zu mehr. Langsam und von meiner Eskorte umgeben, bewegten wir uns auf einen Vorort der Stadt zu. Ich fand mich wieder inmitten einer großen Feier. Eine stattliche Frau, doppelt so groß wie ich, nahm mich unter ihre Fittiche. Ihr Name war Aysha.

Es war ein Straßenfest mit einer Menge zu essen und noch mehr Getränken. Zum Glück störte sich niemand daran, daß ich standhaft bei gekühlten Flaschengetränken blieb. Die Frauen waren viel zu glücklich darüber, daß ich bei ihnen war, als daß sie irgend etwas hätte stören können.

Als ich mich verabschieden wollte, fragte mich meine neue Freundin, ob ich vielleicht den *Voodoo*-Priester treffen wolle. Ich war sofort dazu bereit, wohl wissend, welche Ehre dies bedeutete.

Gemeinsam verließen wir die Gruppe und wanderten zu einem Hügel am Rande der Stadt. Ein *kopje*, wie man das bei mir zu Hause nannte. Dieses *kopje* thronte beeindruckend über den flachen Dächern der Stadt. Einige Granitbrocken lagen auf dem Gipfel verstreut, als ob sie die Hand eines Riesen dort hingeworfen hätte.

Wir kletterten schweigend, ich folgte Aysha die steilen, in den Stein gehauenen Stufen hinauf. Endlich erreichten wir ein Gesims und standen vor dem Eingang einer Höhle, vor den ein Sacktuch gespannt war. Aysha verschwand in der Höhle, und ich blieb, wo ich war, blickte hinab auf die winzigen Autos und noch kleineren Menschen unten auf der Straße. Ich hatte nicht gemerkt, daß wir so hoch gestiegen waren.

Eine Hand griff nach meinem Arm und führte mich nach drinnen. Ein übermächtiger Geruch. Ranzig, so hatte es der Arzt beschrieben, und genau das war es. Menschlicher Schweiß vermischte sich mit undefinierbaren Kräutern und Ölen. Langsam gewöhnten sich meine Augen an das Dämmerlicht. Vor mir saß ein Mann, dessen nackter Körper vor Öl glänzte. Ein Tierschädel baumelte ihm um den dünnen Hals, während sein Gesicht von einer angsteinflößenden Maske bedeckt war, deren blinde Augen und leerer Mund mich angrinsten.

Aysha begann zu sprechen. Der Mann antwortete. Ich blieb still. Betrachtete, wie der Priester aufstand und mich umtanzte. Er tauchte einen Fliegenwedel in einen der Krüge, die auf einem Leopardenfell neben mir aufgestellt waren. Getrocknete Kräuter. Getrocknetes Fleisch. Er warf seine Knochen und beugte sich darüber, murmelnd. Dann zog er sich wieder an den Platz zurück, den er eingenommen hatte, als ich eingetreten war.

Aysha berührte meinen Arm. »Er sagte, du wirst ein schweres Leben haben. Aber erfüllt von guten Dingen.«

Ich wollte mich in Richtung des Vorhangs bewegen, aber sie schüttelte den Kopf. »Das ist der Weg nach oben. Jetzt steigen wir hinunter.« Sie trat durch einen Felsspalt, und ich folgte ihr ohne Zögern.

Im nächsten Augenblick hielt ich an und starrte erschrocken. Diesmal gab es keine Stufen. Nur granitener Stein, steil abwärts in der Form, die Bergsteiger einen »Kamin« nennen.

Ich war nie in meinem Leben in den Bergen geklettert. Und nun, bekleidet mit einem leichten Rock und hochhackigen Schuhen, mußte ich diesen Abgrund hinabsteigen! Verzweifelt sah ich nach oben. Den Spalt, durch den wir gekommen waren, konnte ich nicht mehr sehen. Aysha stieg bereits am Felsen hinunter, langsam und geübt machte sie sich an den Abstieg. Aus irgendeinem Grund dachte sie, ich könne es ihr gleichtun.

Wieder starrte ich nach oben. Dort war niemand. Ich konnte kaum die Sonne sehen. Aysha war schon verschwunden. Wie hatte sie es gemacht? Ich schluckte. Sagte mir: »Indem sie ihre Hände und Beine gebrauchte. Sich festhalten an einem Vorsprung hier, einem Felsen da. Nach den kleinen Bäumchen und Büschen greifen.«

Eine andere Möglichkeit gab es nicht. Ich warf meine Schuhe hinunter und hörte, wie sie von Stein zu Stein sprangen. Dann rollte ich meinen Rock auf und steckte ihn in die Unterhosen. Es gab keinen anderen Ausweg, ich mußte da runter. Irgendwie.

Wie kam es, daß Aysha so schnell verschwunden war? Hatte sie etwa einen anderen Weg genommen? Hatte ich sie verloren? Ich hatte Angst. Langsam, vorsichtig begann ich zu klettern. Schaute nicht nach unten, nicht einmal zur Seite. Ich suchte nur nach dem nächsten Halt für die Füße, die nächste Unebenheit. Hatte der Mann nicht gesagt, mein Leben würde schwer werden? Davon, daß ich in seinen Felsen sterben würde, hatte er aber nichts erwähnt. Recht jedenfalls behielt er, was die nächsten dreißig Minuten anging, das waren die schwersten seit vielen Jahren. Während ich mich nach unten bewegte, sah ich, daß die Felsen bemalt schienen. Dunkle Flecken bedeckten viele der Steine, oben dunkler als unten.

Dann, ganz plötzlich, sah ich den Erdboden. Ich kletterte schneller, inzwischen geübter durch das Hinabsteigen im Kamin. Schließlich, die letzte Bewegung, der letzte Schritt. Ich sank zu Boden, erschöpft. Triumphierend.

»Deine Schuhe«, sagte Aysha, und holte sie unter einem Felsen hervor. »Das war großartig!« Ich sonnte mich im Glanz dieses Erfolgs. Stand auf, zog die Schuhe nicht an und wanderte gleichauf mit ihr weiter, die Schuhe in der Hand. Sie begleitete mich zur Mission. Feierlich nahm sie meinen Dank entgegen.

»Die Felsen«, sagte ich, »hatten eine ungewöhnliche Farbe. Ich habe bisher immer nur grauen Granit gesehen. Niemals vorher solche Flecken. Sehr unregelmäßig zudem – so als ob jemand Farbe darüber gekippt hätte«. Ich hatte Aysha eingeladen, mit ins Haus zu kommen, sicher würden die Schwestern sie gern begrüßen. Ich glaube, sie hätte das Angebot angenommen, wenn ich nicht über die Felsen geredet hätte.

»Du sahst – Flecken?«

»Ja, Du etwa nicht?«. Wieder fragte ich mich, wie sie nach unten genommen war.

»Nein.« Sie verlangsamte ihren Schritt, blickte starr geradeaus. Ich war verwirrt. Hatte sie einen anderen Weg genommen? Ich hatte nicht gesehen, wie sie nach unten geklettert war. Gab es etwa einen leichteren Weg, den ich übersehen hatte?

Ich wiederholte meine Einladung. Sie wandte mir ihren großen Körper zu und streckte ihre Hand aus. »Auf Wiedersehen, Schwester!« Es war das erste Mal, daß eine schwarze Frau mich so genannt hatte. Tränen stiegen mir in die Augen.

»Auf Wiedersehen.« Ich schluckte und legte meinen Arm um sie. »Danke, Schwester. Für alles!«

Wir trennten uns, und ich ging ins Haus. Zu den guten Schwestern und dem Arzt und dem Fernsehteam, das sich um mich scharte, erleichtert darüber, daß mir nichts passiert war. Die Amerikaner hatten berichtet, daß ich von aufgeregten Frauen weggeführt worden sei.

Ich erzählte ihnen von dem Straßenfest. Aber nichts über den *Voodoo*-Priester.

Die Erklärungen des Arztes blieben mir in Erinnerung. Die vermißten Jungfrauen, von denen die Rede gewesen war. Ich war mir irgendwie sicher, daß ich wußte, was mit ihnen geschehen war. Genauso wie ich mir sicher war, was der Richter in der vorigen Nacht gegessen hatte.

Kultur hat viele Gesichter. Damit hatte ich mich abzufinden.

»Sarah, Go Home«

Ich saß da und hörte schweigend einem wissenschaftlichen Vortrag zu, als mir jemand auf die Schulter klopfte. Ich hob meinen Blick und sah in das Gesicht von Aleki Banda, einem der Assistenten von Premierminister Hastings Banda. Sein sanftes, knabenhaftes Gesicht war ernst. Lautlos glitt ich aus meinem Stuhl und folgte ihm.

Es war das Jahr 1963. Njassaland war der Ort der ersten Weltbankkonferenz auf dem afrikanischen Kontinent. Hier in Blantyre lernte ich zahlreiche Journalisten und Akademiker kennen, Afrikaner und Europäer, die später zu Afrikaexperten werden sollten.

Das Volk des Premiers Banda feierte uns, denn in gewisser Hinsicht bezeichnete diese Konferenz das Ende der glücklosen Zentralafrikanischen Republik. Die Wissenschaftler aus Salisbury waren hier bloß geduldet und hielten keine Vorträge. Ich war mir sicher, daß viele von ihnen, genauso wie ihre abwesenden südafrikanischen Kollegen, den gefeierten britischen und nordamerikanischen Experten einiges voraus hatten. Die Vorträge waren überraschend dürftig: Die Südafrikaner waren bei vielen Fragen um Jahre weiter, so beim Problem der Bodenerosion, geologischen Fragen oder dem Übergang der afrikanischen Landwirtschaft von Kleinstbetrieben zu wirtschaftlich lohnenden Einheiten. Nach fünfzehn Jahren Apartheid waren die Südafrikaner bereits Parias, nicht imstande, ihr Wissen weiterzugeben: eine afrikanische Tragödie. Ich schaute Aleki an. Sollte ich dem Außenseiterschicksal Südafrikas zum Opfer fallen, wollte man mich hinaus werfen? Ich war schließlich die einzige südafrikanische Journalistin, die überhaupt anwesend war. »Kommen Sie!« Aleki, ein attraktiver junger Mann mit leuchtenden Augen und einem flinken Lächeln, brachte mich zu einem Wagen.

Ich kam. – Eine halbe Stunde später saß ich dem Premierminister gegenüber, eine Frau, die offensichtlich eine Pflegerin war, hielt sich in der Nähe auf. Banda hatte erfahren, daß eine Südafrikanerin hier sei. Zu meiner Verwunderung war er auf Bekanntheit in diesem Land erpicht, deshalb also Einladung und Interview.

Eine komische Situation. Er antwortete in gewundenen Sätzen, ohne viel zu sagen. Dann aber landete ich einen Treffer.

»Würden Sie ihnen Asyl bieten? Oder das Recht zur Weiterreise?« Die Rede war von zwei schwarzen Politikern, die aus Südafrika geflohen waren und von denen man annahm, daß sie nach Njassaland wollten.

Banda explodierte. Er schrie, daß er ein ordentliches Land regieren würde. Daß er es ablehne, Kriminellen zu helfen. »Sie müssen ihren Kampf genauso führen, wie ich meinen gekämpft habe«, erregte er sich. »Welensky* schickte mich in den Knast! Sollen sie auch in den Knast gehen! Als Junge habe ich im Bergbau geschuftet, ja, da hat mir niemand geholfen. Ich mußte auch alles alleine hinkriegen, alles, haben Sie verstanden?«

Ich verstand vor allem, daß das Interview nun beendet war, erhob mich und wurde beinahe hinausgedrängt von der erregten Pflegerin. Noch war ihr der hohe Titel einer »Persönlichen Gefährtin« nicht verliehen, noch besaß sie nicht den gefährlichen Einfluß, den sie über den Mann, der Präsident Kamuza Banda wurde, ausüben sollte.

Am nächsten Tag schlug ich die Wochenzeitung auf, deren schreiende Überschrift lautete: »Sarah, Go Home!«

Wer, um Gotteswillen, war Sarah? Warum sollte sie nach Hause gehen? Bald erhielt ich Aufklärung. Sarah Kunchingwa, die erste schwarze weibliche Diplomandin der Universität Salisbury, lehrte in Blantyre. Sie war mutig oder dumm genug gewesen, ihrem Hund den Namen »Banda« zu geben – und den brachte sie zum Unterricht mit. Wie es in der Natur der Beziehung zwischen Mensch und Hund nun einmal liegt, war

---

* Sir Roy Welensky war der Premierminister der Zentralafrikanischen Föderation gewesen, gegen den die Afrikaner Nord- und Südrhodesiens sowie Njassalands opponierten.

folglich zuweilen ein »Banda, sitz!« oder »Sei ein guter Kerl, Banda« im Schulraum zu hören gewesen.

Dies war eine Beleidigung des Regierungschefs – der noch immer nicht Staatschef war. Da machte es auch keinen Unterschied, daß der Nachname Banda in Njassa-Malawi so häufig war wie andernorts der Name Schmidt.

Dr. med. Hastings Banda, der einstige Bergmann, den die jungen Freiheitskämpfer aus dem Exil gerufen hatten, um ihre Malawische Kongreß Partei zu führen. Sie hatten geglaubt, daß ein älterer Mann die ungebildete Mehrheit leichter davon überzeugen könne, daß der Staatsverband verschwinden müsse. Sie hatten nicht damit gerechnet, daß ihr Führer ein Egomane war. Und, das bewies er schnell, ein listenreicher Widersacher, der langsam, aber bestimmt, all die klugen jungen Leute ersetzte, die ihn gerufen hatten.

Zu jener Zeit war es Sarah, die seinen Zorn zu spüren bekam. Die ganze Woche über wurde sie gemieden. Ihre Freundinnen und Freunde schnitten sie. Außer einem.

Am Ende der Woche gab es einen Ball. Ein festlicher Anlaß, zu dem die Großen der Gesellschaft geladen waren, einschließlich der Diplomaten und natürlich der Presse.

Premierminister Banda war schon zugegen, das Orchester spielte, als sich die Tür öffnete und eine wunderschöne junge Frau den Saal betrat. Ihr folgte ein kleiner Mann, der hinter seinen Brillengläsern nervös blinzelte.

»Sarah!« Ein Raunen ging durch die Menge. Der junge Mann eilte mit seiner Partnerin zur Tanzfläche. Das Orchester intonierte einen neuen Schlager: »Let's twist again …«

Und wie das Paar twistete! Sarah überragte ihren Partner, zog alle Blicke auf sich, besonders das böse Starren des Premierministers.

Doch er konnte nichts tun. Sarahs Tanzpartner war Theo Bull, Sproß der Beit-Familie, deren Wohlstand von dem jüdischen Hamburger Finanzier Alfred Beit begründet worden war, dem Partner Cecil Rhodes, der auch – durch den Beit-Trust – ein Wohltäter beider Rhodesien geworden war, und schließlich auch Njassalands*.

Später heiratete Sarah einen Malawier, der Botschafter seines Landes war. Eines Tages, als ich den *Herald* las, es war in Harare, wo ich zu dieser Zeit lebte, fand ich die Meldung, daß eine gewisse Sarah Kunchingwa zur neuen Staatssekretärin im InformationsministeriumSimbabwes ernannt worden war.

Mir fiel dieser Ballsaal wieder ein, der mutige junge Mann an ihrer Seite, ihre stolze Haltung und diese Zeitungsüberschrift.

Sarah war nun wirklich zu Hause angekommen.

---

* Njassaland wurde 1953 gegen den Willen der Afrikaner mit Süd- und Nordrhodesien (heute Simbabwe und Sambia) zur Zentralafrikanischen Föderation zusammengeschlossen. Die antikoloniale Bewegung der drei Länder forderten die Auflösung der von den weißen Siedlern Rhodesiens dominierten Föderation. Njassa-Nationalisten riefen 1958 Dr. H. K. Banda an ihre Spitze. 1961 errang die Nachfolgerorganisation Malawi Congress Party unter Bandas Führung bei den ersten allgemeinen Wahlen die Mehrheit. 1963 Austritt aus der Föderation, 1964 Umbenennung in Malawi.
Dr. med. Hastings Banda wurde zum herrschsüchtigen Diktator, bereicherte sich, während das Land verarmte, duldete keine Opposition, ließ Gegner töten oder inhaftieren. Auch Aleki Banda verschwand für viele Jahre in Gefangenenlagern. Malawi war unter Bandas Führung das einzige Land des südlichen Afrikas, das mit Südafrika paktierte. Nach der Wende der 90er Jahre wurde Banda von einer demokratischen Regierung abgesetzt und vor Gericht gestellt. Heute ist Aleki Banda im Kabinett der neuen Regierung.

Baum des Lebens

»Sie gehört nicht hierher!« Die Worte, die Nyasha Makete auf der Veranda flüsterte, klangen scharf. Sie drangen gerade deshalb an das Ohr der alten Frau, die sich an der Wand hinten am Haus angelehnt hatte. Nun setzte sie sich auf und blinzelte in die Sonne.

»Sie ist Deine Mutter, Nyasha.« Die andere Stimme war lauter, doch nicht erbittert.

»Ja, Kumbirai, das weiß ich! Deswegen kann ich es ja sagen: Sie wäre besser in einem dieser neuen Heime untergebracht. Im Dorf konnte sie nicht mehr bleiben, das ist sicher. Aber hier paßt sie auch nicht hin! Sie will immer die Kleinen auf dem Rücken tragen. Ich habe ihr doch gesagt, daß man das nicht mehr tut … Und wo glaubst Du, ist sie jetzt? Sicher im Garten und rupft Unkraut! Als ob wir nicht den Gärtner von Mr. Harrison übernommen hätten! Und das mit der Wäsche, nein, das ist doch wirklich unerträglich: Sie wäscht im Hof, die Nachbarn sehen das und denken jetzt, wir hätten keine Waschmaschine …« Nyasha holte Luft. Aber nur kurz: »Außerdem erzählt sie den Kindern alte Geschichten, von Ahnen und so – sie verwirrt sie bloß mit solchem Unsinn …«

Unsinn? War es unsinnig, Alte zu ehren? Traurig blickte Thandi auf den Korb Wäsche, der neben ihr stand. Sie hatte in der Tat Unkraut gejätet, hatte sich mit Obed, dem Gärtner unterhalten. »Ich muß zurück in mein Land, Mbuya Thandi«, hatte er gesagt. »Ich möchte heiraten.« Er nannte die Mutter seiner Herrin immer »Mbuya«, Großmutter. In seinen Gedanken nannte er sie »Amai Nyasha«, Mutter der Nyasha. Beides klang, wie es sich gehörte, ehrenvoll. Thandi nickte. Sie verstand Obed. Ein junger Mann wie er mußte vom Dorf in die Stadt oder in ein anderes Land gehen, um Geld für den Brautpreis, für *lobola*, zu verdienen. Und für ein Haus. Obed kam aus dem Nachbarland Malawi, vor der Unabhängigkeit war er nach Simbabwe gekommen. Hatte bei Mr. Harrison Arbeit gefunden. Für Thandi war es noch immer Mr. Harrisons Garten. Auch wenn dieser, wie das Haus, nun ihrer Tochter und deren Mann Kumbirai gehörte.

Kumbirai war anders als Obed. Als Sohn eines bekannten Politikers gehörte er der Oberschicht an.

Nyasha würde einen neuen Gärtner suchen müssen. Sie verbot der Mutter ja, im Garten zu arbeiten. Auch das »ein Unsinn«. Unsinn? Wo die Mutter seit ihrer Kindheit auf dem Feld gearbeitet hatte! Hatte sie nicht auch Nyasha als Kleinkind mitgenommen, um Steine vom Feld zu lesen? Und später mit anderen Kindern aufgepaßt, damit die Affen nichts stehlen konnten?

Thandi hörte, wie ihre Tochter den Tisch zurechtrückte, den sie mit den anderen Sachen auf der Veranda von Mr. Harrison gekauft hatte. Gleich würde sie Kumbirai, mit dem sie aus der Stadt gekommen war, ein Glas Whiskey eingießen und ihm Eis anbieten.

Whiskey. Kein selbstgebrautes Bier. Es war alles so anders als früher. Nyasha hatte nie mehr eine Harke in der Hand gehabt, seit sie in die Stadt, auf die technische Hochschule gegangen war. Thandi wußte, sie sollte sich darüber freuen, daß ihre Tochter als Sekretärin in einem Regierungsbüro arbeitete. Doch seit sie in Mr. Harrisons Haus gekommen war, hatte sie sich über nichts mehr richtig freuen können. Und nun das: »Sie wäre besser in einem der neuen Heime untergebracht.«

Früher hatte man für die Alten gesorgt. Immer war Familie dagewesen. Brüder, Schwestern, Söhne, Töchter, dann deren Kinder. Und nun? War es jetzt so wie bei den Weißen? Bei Leuten wie Mr. Harrison, der alleine in seinem Haus gelebt hatte, bis man ihn in ein Heim für Alte gebracht hatte? Dort, wo es keine Arbeit mehr gab. »Ich würde sterben in einem solchen Heim«, dachte Thandi. Ein Heim für Menschen, deren Kinder sie nicht ehren.

»Mein Vater erzählte einmal, seine Mutter habe einen Msasa-Baum gepflanzt, als ich geboren wurde«, sagte Kumbirai. »Sie schärfte ihm ein, aufzupassen, daß dieser Baum gedeihe. Dann gehe es auch mir gut.« Er lachte kurz: »Ich hab' ihn nie gesehen!«

»Und es geht Dir trotzdem gut«, antwortete Nyasha. »Ich sag Dir, das ist alles Unsinn.«

Thandi erhob sich, trug den Korb zur Wäscheleine, nahm ein Wäschestück heraus. Sie zuckte zusammen und blickte hinüber zu Obed. Sie hielt einen kurzen Rock in der Hand. Nyasha hatte gelacht, als ihre Mutter meinte, es sei nicht richtig, derartige Kleider zu tragen. Junge Frauen liebten Miniröcke, das sei nun einmal so, hatte sie behauptet.

Was hatte sie falsch gemacht bei Nyashas Erziehung? Sie war ein braves Mädchen, war immer gut gewesen in der Schule. Auch hatte sie traditionell geheiratet. Kumbirai hatte seinen Onkel zu Thandis Mann geschickt. Sie hatten die *lobola* ausgehandelt, so wie es sich gehörte.

Nun war Thandi Witwe, lebte erst seit vier Wochen bei der Familie ihrer Tochter. Und mußte sich an so viel Neues gewöhnen. Sie legte den Rock zurück, hängte Kumbirais Hemden auf. Für Nyashas Sachen würde sie einen neuen Platz suchen. Auch wenn Obed im Zwiebelbeet arbeitete, ohne sich umzudrehen.

Auf der Veranda sagte Nyasha: »Ich werde ihr sagen, wir werden am Sonntag nur Kartoffeln und Reis kochen. Kein *sadza*, kein Maismehl!«

Kumbirai protestierte: »Wenn Zimba sagt, er kommt zum Essen, erwartet er *sadza* mit einer scharfen Soße und Fleisch!«

Nyasha sagte grimmig: »Meine Mutter rollt *sadza* in kleine Bällchen, mit ihren Fingern. Das gehört sich nicht. Dein Onkel Zimba tut das nicht. Er ist in der Stadt aufgewachsen! Und mein Chef kommt auch, was soll er denken?«

Nachdenklich antwortete Kumbirai: »Daß Deine Mutter eine Landfrau ist. Schämst Du Dich deswegen?« Nyasha ging schweigend in die Küche, um zu sehen, ob das Essen fertig sei.

Thandi war bekümmert. Galten die alten Sitten nicht mehr in der Stadt? Früher erwies man den Älteren Respekt. Man wußte, bald würden sie zu den Ahnengeistern gehören. Es war die Pflicht der Ahnen, sich um die Nachkommen zu kümmern, und umgekehrt war es deren Pflicht, den Ahnen die Ehre zu geben. Unwillkürlich blickte Thandi sich um. Wo waren sie hier, die Ahnengeister? Im Dorf waren sie, wo sie hingehörten, neben dem Vieh-Kraal.

Ohne sich bewußt zu sein, daß sie laut sprach, fragte Thandi: »Wo sind die Ahnengeister in der Stadt?«
»Im Garten, Mbuya«, antwortete Obed leise. Er saß vor ihr und zog respektvoll den Hut. »Amai Simon wurde in ihren Garten gebracht, letzte Woche, aus der Geisterwelt.«
Ja, Thandi erinnerte sich daran. Vor einigen Tagen hatte sie die Trommeln in der Nacht gehört, hatte gewußt, daß in der Nachbarschaft ein Leichenfest begangen wurde. Da hatte man also die Mutter von Simon Karamba vom Friedhof geholt!

»In Mr. Harrisons Garten gibt es keine Bäume«, antwortete sie tonlos. »Und mein Geist wird mich nicht hier verlassen, sondern in diesem Heim«, dachte sie. »Dort wird es keinen Garten geben, keinen Platz für Ahnengeister.«
»Bäume kann man pflanzen, Mbuya.«
»Nicht in Mr. Harrisons Garten«, gab die alte Frau leise zurück, »er hat nicht einmal einen Msasa-Baum gepflanzt, und die wachsen doch überall so gern. Sag, Obed, gibt es in Deinem Land auch Msasa? Macht man auch dort aus der Rinde schöne Seile?«
»Ja, Mbuya Thandi.«

Eine Woche später ging Obed. Er verabschiedete sich scheu von Thandi.
»Geh wohl«, sagte sie, und benutzte dabei die alte Formel für den, der reist.

»Bleib wohl«, antwortete er ebenso formelhaft. Dann verbeugte er sich, senkte die Augen und murmelte: »Im Winter sind die Blätter der Msasa-Bäume rot und braun, im Sommer werden sie grün.«
»Ich weiß«, dachte Thandi, »aber hier wächst kein Msasa-Baum.«

Das Abendessen wurde ein Erfolg, zuletzt hatte es doch *sadza* gegeben. Thandi hatte zu Nyashas Erstaunen den harten Brei nicht in Bällchen gerollt. Sie wusch auch keine Wäsche mehr. Hielt sich in ihrem Zimmer und kaum mehr im Garten auf. Sie wartete. Endlich kam Nyasha und sagte ihr, sie solle in das Heim gehen.

Ein junger Verwandter von Kumbirai war als Gärtner angestellt worden. Nun kam er zu Kumbirai. Fragte, wann die anderen Bäume denn kämen, der Boden sei bereit.
»Andere Bäume? Mr. Harrison hat doch gar keine Bäume gepflanzt.«
»Oh doch!« Der Junge ging voran, um Kumbirai die Stelle zu zeigen, wies an die Grenze zum Nachbargrundstück. Dort, in der Nähe des Schwimmbads, das nun im Winter leer war, stand ein Baum. Er war etwa acht Meter hoch. Seine Blätter waren teils rot, teils braun.
»Msasa«, sagte der Junge, »siehst Du? Und daneben ist Platz für drei junge Pflanzen. Die Löcher sind schon gegraben.«
Kumbirai betrachtete den Baum. »Ich habe diesen Baum noch nie gesehen«, sagte er. »Er muß jung sein.«
»Oh nein«, sagte Thandi, die ihm gefolgt war. Sie legte ihre Hände auf den Baumstamm. »Dieser Baum ist siebenundzwanzig Jahre alt.«
»Siebenund…« Kumbirai betrachtete den Baum nachdenklich. Zögernd legte dann auch er seine Hand auf die Rinde. »Dann ist er ja genauso alt wie ich!«

Abends bemerkte Kumbirai zu Nyasha, daß es vielleicht besser wäre, die Idee mit dem Altersheim fallen zu lassen. Mbuya könnte doch im Haus bleiben. Sie sei alt, aber nicht krank. Und es gebe doch so viel zu tun, jetzt mit der Kleinen. Hätte sie sich denn nicht überlegt, was die Nachbarn sagen würden?

Nyasha nickte wortlos.

Wie jeden Abend betete Thandi in ihrem Zimmer. Sie dankte Gott. Und Obed, den die Ahnen zu ihrem Werkzeug gemacht hatten.

Regen

Die Erde lechzte nach Wasser. Mpika schleppte ihren abgemagerten Körper unter dem langen weißen Schal Schritt für Schritt den steilen Abhang hinauf, bemerkte kaum die Stoppeln des verblichenen Grases, die sterbenden Sträucher.

Tiefe Risse durchzogen den harten Lehm, Überbleibsel einer längst vergessenen Zeit, als es stark geregnet hatte. Wie lange war das her? Dreimal war der Sommer mit seinen Verheißungen über die Welt gezogen. Dreimal hatten die Frauen die sorgfältig aufbewahrten Saatkörner aus ihrem Versteck geholt. Dreimal hatten sie vergebens auf den ersten Novembersturm gewartet, der den Regen des Sommers ansagte. Zweimal hatten sie vier Wochen später verzweifelt den Samen auf trockene Erde gestreut. Nur einmal hatten sie einige verkümmerte Maiskolben geerntet, zweimal spärliche Hirsekörner. Und das dritte Mal war weder Mais noch Hirsesamen vorhanden. Selbst das letzte Samenkorn war in den Topf und in leere Mägen gewandert.

Und all das, obwohl sie, Mpika, die größte der Geistermedien ihrer Sippe, dreimal wie stets zuvor die nur ihr vertrauten Riten verrichtet hatte, in dem heiligen Feld neben dem Kuh-Kraal, dort, wo die Ahnen lebten.

»Oh Ihr Ahnengeister, was haben Eure Kinder Euch zugefügt, daß Ihr sie so bestraft? Wie habe ich, Mpika, Euch gekränkt? Was kann ich tun, um Euch zu besänftigen?«

Der Eimer saß tief auf Mpikas Haar, das in diesen regenlosen Zeiten stark ergraut war. Ihre hagere Gestalt jedoch schien gewachsen zu sein. Als ob sie höher zum Himmel hinaufreichen wollte, um die Wolken zu erreichen, die ihr das köstliche Gut vorenthielten.

Mduna, der Sohn des Dorfältesten, war in die Stadt gezogen, um Geld zu verdienen. Einmal nur war er mit dem Bus gekommen, der auf der staubigen Straße vor der Kirche hielt, hatte zwei Säcke Maismehl gebracht, Zucker und Teeblätter. Viele Menschen seien in der Stadt, hatte er berichtet, einige könnten, wie er, manchmal Arbeit in Fabriken oder in reichen Haushalten finden. Viele schliefen nachts auf der Straße, bettelten und stählen, was sie könnten.

Manchmal sagten Staubwolken die großen Autos mit Herren von der Regierung voraus, die kamen, um nachzusehen, wie es ihnen ginge. Die sich Tücher gegen den Mund hielten und viel versprachen, ehe sie wieder abfuhren. Nur selten kamen Lastwagen mit Nahrung, einmal jedoch auch ein Mensch, der mit einer Maschine nach Wasser bohrte.

Der Atem schmerzte Mpika, sie mußte husten. Es fiel ihr schwer, weiterzugehen. Seufzend blickte sie sich um, sah den Himmel mit seinem unerbittlichen Blau, die Hitze der Sonne flirrte über der harten Erde, unten auf dem vertrockneten Feld das Gerippe der Tiere, die dort einen grausamen Hungertod gefunden hatten.
Auch den Großfarmern ging es elend. Auch deren Vieh starb oder wurde zum Abschlachten in die Stadt gefahren. Auch deren Ernte fiel spärlich aus, jetzt, wo das Wasser aus ihren Staudämmen sank.

Mpika war oben angekommen, blickte herab auf den Damm der Großfarm »Ferngelegen« und stieß einen Schrei des Entsetzens aus.
»Verzeiht uns, Ihr Ahnen!«
Zwei Tage hatte sie gebraucht, um hierher zu kommen, nachdem sie geträumt hatte, daß sie am Ufer eines Dammes einen schwarzen Bullen treffen würde. Ein Bulle war ein gutes Zeichen. Das versprach Fruchtbarkeit. Der Traum hatte ihr die Kraft gegeben, ihre Hütte zu verlassen und den langen Weg zu wagen. Doch nun sah sie nicht das klare Wasser des großen Dammes, welches sie im Traum gesehen hatte, wie es die Baumwollfelder der Farm tränkte. Ihr Auge fiel nur auf Betonwände einer riesigen Grube, am Boden Schlamm und dunkles Wasser. Ein Fisch schnellte empor, als ob er nach Luft schnappte, fiel zurück, drehte sich

sterbend auf den Rücken. Mpika sah nun, daß auch eine Menge anderer Fische bereits tot im Wasser lagen.

Tote Fische! Mpikas Schrei galt auch ihnen, denn sie waren das Totem ihrer Sippe. Sollten sie alle so sterben? Elend dem Hungertod verfallen?

Mpikas Schrei wurde auf der anderen Seite des Dammes erwidert. Ben, der kleine Sohn des weißen Burenfarmers, hatte ebenfalls die letzten Lebenssekunden des Fisches mit aufgerissenen Augen beobachtet, hatte die alte Frau oberhalb des Dammes gehört, hatte die tiefen Narben in dem Gesicht mit seinen hohen Backenknochen mit Erstaunen betrachtet. Die war nicht von hier! Jeder in diesem Gebiet wußte schon lange, daß der Damm ausgetrocknet war.

Ben sah, wie die Gestalt ihm gegenüber sich krümmte und zu Boden stürzte. Er rannte zu den Hütten der Landarbeiter. Dabei stolperte er über einen Hund, der zu schwach war, sich zu erheben, und dessen einzelne Rippen man zählen konnte.

Es gelang Ben kaum, die Männer zu bewegen, zum Damm zu kommen, obwohl er ihre Sprache genausogut sprach wie seine eigene. Eine alte Frau? Eine Fremde? Das könnte Unheil bringen, wenn ihr Geist hier bleiben würde, falls sie bei ihnen stürbe!

Doch als Ben von den tiefen Schnitten erzählte, die das Haupt der Frau zierten, von ihrer großen Gestalt, umhüllt von einem weißen Schal, sprang Panga, der Älteste, auf und rief: »Sie ist es! Mpika! Nur sie kann uns helfen! Nur sie darf direkt mit den Ahnen sprechen! Kommt, wir müssen sie holen!«

Ben beobachtete, wie sie Mpika in den Hof trugen. Der Hund setzte sich auf, versuchte zu bellen. Die Alte öffnete die Augen, sah die Menschen, die ehrerbietig um sie herum hockten, Pangas Frau, die auf Knien zu ihr rutschte, eine Schale kalter Ziegenmilch haltend.

Panga murmelte eine formelle Begrüßung, die Mpika ernst beantwortete. Sie kam auf die Knie, nahm die Schale, schüttete die Hälfte des wertvollen Inhalts als Gabe für die Ahnen auf den Boden. Dann erst trank sie langsam den ersten Schluck und spürte, wie ihre Zunge leichter wurde.

»Es ist der Wille der Ahnen, mich hierher zu bringen! Wir müssen ihnen folgen. Ihnen unsere Ehrerbietung zeigen.«

Nun stand sie auf, reckte sich, eine leise Brise wehte durch ihre Kleider. »Ihr werdet mich begleiten, in die Berge und Höhlen der Ahnengeister! Morgen bereiten wir uns vor! Dann schreiten wir zu ihnen, deren Land wir bebauen! Beschützt uns, denn wir sind Eure Kinder!«

Ben sah, wie sie sich zusammenkauerte, wie der Hund ihr zu Füßen kroch, hörte das leise Donnern einer Trommel. Während die Männer sich unter einem Baobab-Baum versammelten, gingen die Frauen in die Kochhütte. Überall war plötzlich Bewegung. Sicher würden sie Bier brauen, für den Weg in die Berge.

Es trieb den Jungen fort, er hatte nichts dort zu suchen. Im Haus seiner Eltern war ja ebenfalls bereits den ganzen Tag viel Unruhe gewesen. Aus vielen Gegenden waren Verwandte und Freunde eingetroffen, es wurde in der Küche geklappert, in den Wohnzimmern erhitzt geredet, Kleinkinder krabbelten umher.

Am Sonntag sollte ein großer Gottesdienst in der Holländisch-Reformierten Kirche im Dorf stattfinden. Es sollte kein Fest sein wie sonst, wenn so viele Menschen von ihren Farmen zusammenkamen. Sie wollten fasten, beten, Gott um Hilfe anflehen. In diesem Jahr sollten nicht noch mehr Menschen leiden müssen, mehr Vieh sterben, mehr Farmer in die Stadt getrieben werden. Sie waren strenge, gottesfürchtige Menschen. Sie glaubten an Gott, an seine Güte und Herrlichkeit, und auch an seinen gerechten Zorn.

Ben setzte sich auf einen kleinen Stuhl und begann, eine Pfeife zu schnitzen, während die Männer redeten.

»Derek Wilson hat einen Professor bestellt!« erklärte sein Vater, der seinen Bart mit der Hand zerwühlte, ein Zeichen tiefsten Unmuts.

»Der soll Regen machen. Er möchte übermorgen Hubschrauber und Flugzeuge in den Himmel schicken. Mit Regenbomben.«

Ein Murmeln ging durch das Zimmer. Regenmachen? Wer hatte je so etwas gehört? Dürren gab es immer. Diese, wie der Regen auch, konnte nur von Gott bestimmt sein.

Ein alter Mann, dessen Kopf so kahl wie sein Bart voll war, schlug mit wuchtiger Faust auf den Tisch. »Das ist Gotteslästerung! Wir dürfen das nicht zulassen! Und schon gar nicht am Sonntag!« Bens Vater nickte.

»Ja. Aber Wilson lachte nur. Er meint, wir würden ihm dankbar sein, wenn er Regen macht.«

Bens helle Stimme ertönte. »An dem Tag gehen die Arbeiter und Dorfbewohner in die Berge. Um ihre Götter um Regen zu bitten.«

Bestürzt drehten die Großen sich um. Keiner erwiderte etwas. Bens Mutter gab ihm eine große Schüssel mit Obst in die Hand, damit er sie auf den Tisch stellte. Er tat, was man ihm befahl.

Später ging er für kurze Zeit zurück in das kleine Dorf am Damm. In der Nacht sprachen die Trommeln, manchmal leise, manchmal rasend schnell, so daß keiner den Rhythmus mit Tanz begleiten konnte. Trommeln aus anderen Dörfern antworteten, stimmten ein in die Klagen und das Flehen der anderen, ehe sie alle kurz vor Tagesanbruch verstummten.

Früh am Sonntagmorgen versammelten sich die Menschen in der Kirche. Auch die Arbeiter aus dem Dorf waren gekommen, denn sie waren schon bei Geburt getauft, bereits ihre Eltern und Großeltern waren Christen gewesen. Auch wenn sie weiter die Ahnen ehrten.

Es war still während der Predigt, die über die Sintflut sprach. Dann, als die Orgel eine Hymne anstimmte, war das laute Surren eines Flugzeugs zu hören. Ben sah, wie die Arbeiter sich entfernten. Kurz darauf ein anderer Ton: Die Trommeln hatten erneut ihre Stimmen erhoben.

Als sie aus der Kirche gingen, brannte die Sonne stärker denn je. Schweigend gingen sie auseinander, es sollte kein Festessen geben an diesem Tag. Sie sprachen nur kurz miteinander, warfen strafende Blicke auf zwei Flugzeuge, die Jagd auf kleine weiße Wolken machten, die hoch am Himmel sichtbar waren. Aus der Ferne erklang der Laut der Trommeln, die in den Felsen hoch über dem Tal geschlagen wurden.

Am Nachmittag las Bens Vater aus der Bibel. Als es dunkelte, brachte die Mutter Suppe und Brot. Ben wurde schläfrig. Es war ein langer Tag gewesen.

Plötzlich wachte er in der Nacht auf. Hatte er Mpika tanzen gesehen? Geträumt, wie Herr Wilson mit den Piloten feierte? Es schien, als ob die Trommeln ganz nahe wären, fast vor der Haustür, nein, im Zimmer! Ben setzte sich auf, die Hände an seinen Ohren. Da! Wieder hörte er es! Tosender Lärm, der die Stille der Nacht erschütterte.

Und dann erkannte er es: Das war Wasser, das auf das Blechdach prasselte! Regen, der gegen die Scheiben schlug, Wind, der an der Tür rüttelte! Ben raste zur Tür, konnte sie nur mühsam öffnen, der Wind drückte ihn gegen die Wand.

Wer hatte den Regen gebracht? Der christliche Fastentag? Das Flugzeug? Die Alte? Ben würde es wohl nie wissen. Trotzdem war er zutiefst zufrieden, spürte, wieviel leichter er schon jetzt atmen konnte.
Er streckte seine Arme aus und sah den Mond durch die schwarzen Wolken blinzeln. Er wurde naß und spürte es nicht. Es regnete. Herrlicher, gesegneter Regen!

Philemon

Philemon hatte nur einen Arm und keinen zweiten Namen. Er war eben nur der Teaboy in der Versicherungsgesellschaft, in der ich damals arbeitete. Er war stets ernst, doch trotzdem freundlich, mit sanften Augen.

Eines Tages kam er in mein Büro, als ich weinte. Vor mir ein Bild abgemagerter Skelette, zehn Meter hoch gestapelt. Wußte Philemon, daß dies meinesgleichen waren? Daß nur der Zufall es wollte, daß ich nicht auch dort lag?

Meine Eltern hatten es zwölf Jahre vorher geschafft, nach Südafrika zu kommen, so sind wir dem Schicksal des europäischen Judentums entronnen. Erst jetzt, kurz nach dem des Krieges, begriffen wir das ganze Ausmaß des Ungeheuerlichen, des noch immer Unfaßbaren, dem wir entkommen waren.

Philemon schob eine Tasse Tee über den Tisch. Tee, heiß, stark, gezuckert. Eine erste Geste der Freundschaft.

Ich gehörte nicht zu den anderen Kollegen, das waren Buren. Auch diesen Job verdankte ich einem Zufall: Ich sprach gut Afrikaans, zu einer Zeit, in der das für Englischsprachige unüblich war. Mein Chef, ein wuchtiger alter Bure, verstand wenig von Versicherungen, er war jedoch der geborene Verkäufer und sehr erfolgreich beim Policenverkauf. Seit einigen Jahren besaß er seine eigene Gesellschaft, brauchte Personal, dem er vertrauen konnte. Einem *engelse* Experten traute er nicht. Aber ich, ich war sowieso ein Nichts: weiblich, Ausländerin. Dazu Jüdin. Vor mir konnte er seine Blößen zeigen. Und so wurde ich nach dem Alten die zweite Kraft im Büro.

Philemon und ich wurden Freunde.

»Ich arbeitete in einer Metallfabrik, Madam, da habe ich den Arm verloren. Jemand stieß gegen mich. Ich fiel in eine der Maschinen.« Philemon sprach gut Englisch, er hatte die sechste Klasse absolviert.

»Gab es ein Verfahren gegen den Mann?« Ich war entsetzt, kannte noch immer nicht alle Regeln der südafrikanischen Gesellschaft. »Und bitte, Philemon«, fügte ich hinzu, »ich heiße Ruth, nicht ›Madam‹.«

»Nein, Madam ... äh, Juffrou. Es war ein Weißer. Er hatte etwas getrunken.« Ich nickte. Dachte an die Nachbarn in unserer armen weißen Gegend. Alle tranken gern. Meistens zuviel.

»War die Firma versichert? Du hattest ein Recht auf Entschädigung!«

Er blickte mich an. Ein untersetzter kräftiger Mann. Behende. Philemon schaffte mit seinem einen Arm mehr als die meisten mit zweien.

»Ein Kaffer hat keine Rechte. Ich wurde entlassen, Madam – Juffrou.«

Juffrou. Fräulein. Etwas besser als Madam. Sie nannten mich Juffrou Lowe, meinen richtigen Namen konnte man schwer aussprechen.

Als ich ein paar Tage später frühmorgens das Büro aufschließen wollte, wartete Philemon schon auf mich.

»Es fehlen drei Pfund aus meiner Kasse.« Philemon war für die Briefmarken verantwortlich. Er war sehr aufgeregt. Ich sah mir den kleinen Kasten an. Es war klar: Jemand hatte das Schloß aufgebrochen. Natürlich würde man ihn beschuldigen.

Eine meiner Verantwortlichkeiten als »Außenseiterin« war es, die kleinen Bürodiebstähle und Betrügereien in der Firma zu verhindern. Wir hatten Diebe hier, ich wußte es. Eine der Angestellten hatte monatelang durch geschickte Buchführung kleinere Beträge auf ein nicht vorhandenes Konto von anderen Konten umgebucht und mir dann einen Scheck »als Rückzahlung« vorgelegt. Sie mußte entlassen werden. Einer der Agenten fälschte Prämienzahlungen. Er war Mitglied der *Dopper-Kerk*, der kleinsten der drei Holländisch-Reformierten Kirchen Südafrikas und ein Enkel des »Oom Paul«, des verehrten Präsidenten Kruger, der den Burenkrieg verloren hatte. Ich hatte trotzdem gegen ihn ausgesagt. Aber man sperrte ihn nicht ein, er erhielt nur eine Geldstrafe.

Mit Philemon würde man jedoch härter umgehen. Meine Kollegen haßten die Schwarzen nicht. Dafür waren sie nicht wichtig genug. Es waren *skepsel*, nur Kreaturen, keine Menschen. Dementsprechend wurden sie eben behandelt.

»Ich habe nichts genommen«, beteuerte er. Ich glaubte ihm. Kaufte eine neue Kasse, die ich von da ab im Tresor verwahrte. Die drei Pfund legte ich ebenfalls dazu.

Bald darauf sprach mich Philemon wieder an: »Am Sonntag haben wir ein Fest. Wir bringen den Geist unserer Mutter nach Hause. Sie starb vor einem Jahr. Wir ... Ich ... Würden Sie kommen, Juffrou?«
Ich war gleichermaßen erstaunt und erfreut. Es war nicht üblich, Weiße in eine der *locations* einzuladen. Die Stadtverwaltung hatte in den 20er Jahren begonnen, winzige Behausungen an bestimmten Orten – *locations* – für das Heer schwarzer Arbeiter zu bauen, die von der Metropole angezogen wurden. Ihre Familien kamen nach und die *locations* mit ihren kleinen Mietshäuschen waren bald überfüllt. *Wild locations* bildeten sich, auch diese standen unter der Aufsicht der Stadtverwaltungen. Später wurden aus diesen *locations* die *native townships*, die Eingeborenenvororte. Nach dem Sieg der Nationalen Partei im Jahre 1948 und der Einführung der gesetzlichen Rassentrennung wurde die Zugehörigkeit zu den Townships streng kontrolliert, der Eintritt für Nichtafrikaner verboten. Doch auch vorher schon war es nicht üblich, Weiße in eine *location* einzuladen.
»Gerne«, antwortete ich. »Wann? Und wie komme ich dahin?« Er beschrieb mir den Weg und nannte seine Adresse: Nummer 10 059, Orlando.
Etwas ängstlich fuhr ich also mit meinem kleinen Standard nach Orlando, jener *location*, die später der Kern von *Soweto – South Western Townships* – werden sollte. Es schien mir, als ob ich den einzigen Wagen führe, der aus dem Zentrum Johannesburgs nach Orlando unterwegs war.
Ich solle früh kommen, hatte Philemon gesagt, wegen des Gottesdienstes. Sein Bruder Emmanuel werde mich an der Hauptstraße erwarten.

Ich fuhr also langsamer. Entlang einer kleinen Ladenreihe mit vergitterten Fenstern. Im Vorbeifahren sah ich darin einige Erbsenbüchsen und Schokoladentafeln. »Man macht sich hier wenig Mühe mit der Fensterdekoration«, dachte ich. An einem der Fenster lehnte ein schlanker Junge, der hob die Hand und winkte mir zu.

»Juffrou Lowe! Ich bin Emmanuel!« Erleichtert ließ ich ihn einsteigen. Nummer 10 059 wäre für mich schwer zu finden gewesen, es war eben eine jener kleinen Streichholzschachteln, die sie Häuser nannten. Straßennamen gab es anscheinend nicht. Emmanuel dirigierte mich durch die ungepflasterten Gassen.

So also sah es aus, sonntags früh in Orlando. Ich blickte mich neugierig um, schließlich war das für Weiße ein seltener Anblick. Nur Polizisten und Angestellten der Stadt vorbehalten, abgesehen von Priestern oder Damen der Gesellschaft, die gelegentlich Suppen in Kirchen austeilten. Das war gut fürs Image.

An diesem Morgen schien die ganze *location* in Bewegung zu sein: Überall sah ich Menschen durch die Straßen ziehen. Emmanuel lachte über mein Erstaunen. »Sie gehen zur Kirche«, meinte er, »oder zu Hochzeiten.« Er zuckte mit den Schultern. »Oder zu Begräbnissen. Irgend so etwas.«

Ich verstand. Jeder in diesem trostlosen Ort arbeitete in Johannesburg. Sonntag war der einzige Tag, an dem die Familie zusammensein konnten.

Nummer 10 059 war ein winziges Häuschen mit einem kleinen Garten, in dem keine Blume, kein Baum wuchs. Philemon saß auf einem Stuhl, umgeben von seiner Familie. Es war schwer, in diesem würdigen Mann in seinem schwarzen Anzug den Teaboy mit zerschlissener Khakihose und Khakihemd zu erkennen.

Er begrüßte mich, stellte mich vor, ich war sofort umgeben von händeschüttelnden Männern, knicksenden Frauen. Ich mußte mich ihrer Demut erwehren. Dabei waren sie es, die mich durch ihre Einladung beehrt hatten.

Philemon und Noni, seine Frau, fuhren mit mir zur Kirche, die anderen liefen, wie sie es gewohnt waren.

Die Kirche war ein Erlebnis. Nie hatte ich eine wie diese in Orlando gesehen: klein, luftig, mit afrikanischen Schnitzereien, meisterhafte Kunstwerke. Ein schwarzer Jesus, breite Nase, krauses Haar, die tiefen Falten seiner Züge trugen das Leid der Afrikaner. Der weiße Priester blickte mich erstaunt an.

Naiv wie ich war, hatte ich gedacht, daß ich ihre Lieder mitsingen könnte, schließlich hatte der Tag in meiner Schule immer mit einer Andacht begonnen. Doch als die ersten Stimmen anhoben, wußte ich, daß dieser Gottesdienst kaum mit unserem tonlosen Gesang zu vergleichen war.

An diesem Sonntag hörte ich zum ersten Mal die wunderbare Harmonie der Stimmen einer afrikanischen Gemeinde, den Alt und Sopran der Frauen, die Männer mit ihren Baß- und Tenorstimmen. Ebbe und Flut dieser herrlichen Musik umstrickten mich. Ich atmete auf, ergriffen vom Gesang.

Später unterhielt ich mich etwas befangen mit dem jungen Priester. Versuchte zu verstehen, wie der Gottesdienst mit der bevorstehenden Zeremonie der Geisterbeschwörung zusammenhing. Er schüttelte den Kopf.

»Die Kirche paßt sich an.« Er wies auf die Schnitzereien, auf den aus Ebenholz geschnitzten Jesus. »Afrikaner glauben, ihre Ahnen beschützen sie. Wir müssen das akzeptieren.« Er lächelte: »Die Nkosis freuen sich, daß Sie gekommen sind.«

Ich war verlegen. »Wir sind Kollegen, Philemon Nkosi und ich.« Das erste Mal, daß ich seinen ganzen Namen ausgesprochen hatte.

Auf dem Rückweg von der Kirche änderte sich die Atmosphäre schlagartig. Erst kehrten wir zu Nummer 10 059 zurück. Dann folgten wir Philemon, der mit seinen Brüdern zusammen unsere Prozession anführte. Ich hörte Trommeln, bemerkte, wie meine Begleiter im Tanzschritt gingen, wie die Frauen rhythmisch mit den Hüften, die Männer mit dem Oberkörper den Takt hielten.

Auf dem Friedhof wurde Philemon von einem hageren Mann empfangen, den ich nicht in der Kirche gesehen hatte. Der Gottesdienst gehörte nicht zur Welt dieses Menschen. Sein Oberkörper war entblößt, große Ketten mit Tierzähnen und ausgetrockneten Pflanzen umschlangen seinen Hals, ein geflochtener Gürtel hing um seine magere Taille, Kopf und Hüfte waren mit Fellen bedeckt.

Ein traditioneller Heiler. »Hexendoktor«, sagten die Weißen. Hier hieß er *nanga*, ein Medium, das mit den Geistern sprach.

Philemon hatte sich umgezogen. Der Anzug war verschwunden. Ich sah starke Knie unter einem Lendenschurz, ein Fell über die Schultern geworfen, das den fehlenden Arm verdeckte. Der *nanga* begann mit hoher Stimme zu sprechen. Dabei goß er den Inhalt einer Flasche auf das Grab, ein Trankopfer für die Ahnengeister. Die Trommeln erklangen. Langsam begann sich der große Körper des *nanga* zu bewegen. Es war, als ob die Trommeln ihm Befehle erteilten.

Bewegungslos saß Philemon da, während die anderen ihn umtanzten, ihre Schritte folgten denen des *nanga*. Der Ton der Trommeln schwoll an und zum ersten Mal hörte ich dazu den Klang einer *mbira*, dieses afrikanischen Musikinstruments, das die Männer kunstvoll mit ihren Fingern spielen.

Ich fühlte, wie mein Herz pochte, war ergriffen von der Musik, den wirbelnden Körpern und benommen von dem fremden Geruch, den der Körper des *nanga* verströmte.

Philemons Leib straffte sich, er stand auf. Nun begann auch er, sich im Rhythmus des Tanzes zu bewegen. Ich erkannte kaum mehr den gottesfürchtigen Mann, den ich gerade erst in der Kirche auf seinen Knien gesehen hatte.

Immer wilder, immer besessener tanzten sie, der *nanga*, Philemon, die anderen, und sie wirbelten auch mich hinein in eine neue Welt.

Plötzlich sank der *nanga* zu Boden. Philemon streckte seine Arme aus, um ein Bündel von ihm zu empfangen. Seine Schritte verlangsamten sich, tanzend wendete er sich ab vom Grab. Die anderen folgten. Nur der *nanga* blieb kauernd am Grab zurück.

Tanzend und singend kehrten wir zurück zum Haus Nummer 10 059 und folgten Philemon in den Hinterhof, wo er seine Bürde behutsam niederlegte. Dort, neben dem kleinen Hühnerstall, sollte der Geist leben. Im Heimatdorf wäre es der Vieh-Kraal gewesen, aber in Orlando gab es – jedenfalls offiziell – kein Vieh. Die Trommeln verstummten, nur der Jubel der *mbira** war zu hören. Niemand sang mehr. Philemon war verschwunden.

Einige Frauen waren zurückgeblieben, um das Essen auf Paraffinöfen im Garten vorzubereiten. Jemand wies auf einen der Hocker, die auf der Veranda standen, doch ich blieb bei den Frauen und half beim Austeilen von Maismehl und Fleisch. Noni lachte mich an, die anderen klatschten Beifall.

Dieses Fest, das konnte ich leicht ausrechnen, hatte Philemon viel gekostet, mindestens zwei Monatsgehälter. Er mußte lange gespart haben, um seine Mutter so festlich ehren zu können.

Als er erschien, war er wieder im dunklen Anzug, mit sorgfältig gebundener Krawatte. Feierlich nahm er den Ehrenplatz, einen alten Samtsessel, ein. Noni kniete sich vor ihm hin und reichte ihm einen Teller. Auch ich erhielt einen übervollen Teller und nahm ihn mit Dank entgegen. Sah, wie zuerst die Männer aßen, ehe die Frauen sich bedienten. Zuletzt kamen die Kinder, deren kleine Gestalten schon lange auf das Essen gelauert hatten. Zwei Frauen schleppten einen großen Topf aus dem Haus, schenkten in leeren Konservenbüchsen aus. *Skokiaan*, selbstgebrautes Bier, traditionell aus Mais hergestellt. Wie in den Dörfern war

---

* Die *mbira* ist das klassische Musikinstrument Simbabwes. Es besteht aus etwa 20–24 flachen Metallzungen, die an einem Ende an einem meist kastenförmigen Resonanzkörper befestigt sind. Charakteristisch sind zyklische Melodiefolgen, wobei jede Wiederholung sich in Nuancen von der Vorgängerin unterscheidet.

das Brauen auch hier Frauensache. Doch hier, in den *locations*, war es illegal, denn es bedeutete eine starke Konkurrenz zu den offiziellen Bierhallen, mit denen die Stadtverwaltung das Geld zum Unterhalt der *locations* erwirtschaftete.

Dankend lehnte ich das fremdartige Getränk ab. Ich gesellte mich wieder zu den Frauen, die mich händeklatschend begrüßten, und setzte mich auf den Boden, neben ein kleines Mädchen. Es betrachtete mich mit großen Augen. Als ich ihr meinen Teller reichte, wurde ich sofort von kleinen Kindern umringt. Ich war froh, daß ich die Riesentüte Bonbons nicht daheim vergessen hatte.

Erneut schlugen die Trommeln an. Doch diesmal klangen sie anders. Ich erkannte den Rhythmus: *kwela*, Township-Jazz. Ein aufregender Sound, entstanden aus der traditionellen Musik, die vorher an diesem Tag zu hören gewesen war. Ich hatte diese Klänge oft schon gehört, wenn sonntags Gruppen afrikanischer Männer, sogenannte Boys, mit Gitarre und Ziehharmonika an unserem Haus vorbeigezogen waren.

Die Frauen umringten mich, bewegten ihre Hüften, Arme, Schultern und zeigten mir, wie man *kwela* tanzte. Ich ahmte ihre Bewegungen nach, zu den immerfort geschlagenen Trommeln ertönte nun wieder die *mbira*, ein hoher Pfeifton griff die Melodie auf.

Ich tanzte. Konnte mich nicht erinnern, je so ausgelassen getanzt zu haben. Es wurde ein großartiges Fest.

Am späten Nachmittag, nach einer Tasse Tee, ermahnte Noni mich, ich solle mich nun auf den Heimweg machen. Es sei nach Einbruch der Dunkelheit nicht sicher in den *locations*.

Es war Zeit zu gehen. Philemon erhob sich. Kerzengerade stand er da. Keiner tanzte mehr. Leise nur schlugen die Trommeln. Sie begannen zu singen. Zum ersten Mal hörte ich jene Hymne, die zum Kampflied und endlich – fünfzig Jahre später – zur Nationalhymne eines neuen Südafrika werden sollte: »Nkosi Sikele'li Afrika«. Gott segne Afrika.

Karola

Es war mir gelungen, das Mädchen bei einer Freundin unterzubringen. Meine Freundin Margaret, eine außergewöhnliche, kluge und verständnisvolle Frau, war von Kindheit an gelähmt, ständig auf Hilfe angewiesen. Damals war gerade jemand in den Wagen ihres Mannes gefahren, er lag im Krankenhaus und machte sich Sorgen wegen seiner Frau. Freunde halfen, wo sie konnten.

Das Mädchen war bildschön.

Rote Haare. Grüne Augen. Eine Figur, die einen Hollywoodproduzenten alter Schule sofort zum Vertragsabschluß – und natürlich den entsprechenden »Vorgesprächen« – hätte schreiten lassen.

So, wie sie vor mir stand, die noch nicht ganz Achtzehnjährige, schüchtern, ein kleines verlegenes Lächeln um die wohlgeformten Lippen, hätte ich es nicht fertig gebracht, ihr nicht zu helfen. Auch ohne die flehentlichen Bitten eines guten Kollegen.

Sie hieß Karola und war schwanger. Abtreibung war in Südafrika nicht erlaubt. Stotternd erklärte Howard, der Kollege, die Sachlage.

»Ich hab' sie bei einer Party kennengelernt. Es war ziemlich … heiß. Da kam eben eins zum anderen.«

Ich verstand. Man lebte in den 60er Jahren in Johannesburg unter enormen Spannungen. Die politischen Verhältnisse waren unerträglich. Es war die Zeit des Rivoniaprozesses, des Aufräumens mit den Gegnern der Apartheid, zu denen wir nun mal gehörten. Razzien, Verhaftungen, Verrat waren an der Tagesordnung. Man traute kaum mehr seinem Nächsten. Unter diesen Umständen lebte man von Tag zu Tag. Die Atmosphäre knisterte. Die Intellektuellen versuchten, sich auf Feten zu entspannen. Man war unter sich, es gab zuviel Essen, zuviel Alkohol und Sex.

Das Mädchen paßte eigentlich nicht dazu. Ein einfaches Mädchen, afrikaanssprachig, von der anderen Straßenseite. Jemand hatte sie mitgebracht. Howard hatte mit ihr die Nacht jener Fete verbracht. Sie trafen sich danach noch ein paarmal, dann war es für ihn zu Ende. Doch nun – sie hatte ihn vor kurzem aufgesucht und erklärt, sie sei schwanger. Es sei sein Kind.

Er zweifelte nicht daran. Auch Howard gehörte eigentlich gar nicht zu unserem intimen Freundeskreis. Ein normaler, englischsprachiger junger Mann, nicht politisch engagiert.

»Ich weiß, daß Sie viele Leute kennen …«, meinte er, »vielleicht einen Arzt …«

Ja, ich kannte einen Arzt. Ich ging zuerst mit Karola durch die Tiefgarage, wie er es mir aufgetragen hatte, in das Hochhaus, in dem er abends, nach seinem üblichen Dienst, Sprechstunden hielt. Ich merkte wohl, wie Karolas Augen erstaunt auf die wartenden Patienten blickten – eine alte Frau in ihr Tuch eingewickelt, eine andere mit einem leise weinenden Kind auf dem Rücken, ein junger Mann mit blutig verschmiertem Verband am Arm. Schwarze. Schwarze Patienten inmitten des weißen Johannesburg. Das hatte Karola noch nie gesehen. Es war ja auch unüblich.

Nach fünfzehn Minuten wurde ich zum Arzt gebeten.

»Es tut mir leid. Sie ist im fünften Monat. Da ist nichts mehr zu machen.« Ich war entsetzt. »Man wird sie zu Hause vor die Tür setzen!« Karola hatte von ihrem Vater erzählt. Engstirnig, puritanisch, brutal. Ein Vorarbeiter in einem Goldbergwerk. Karolas Leben hatte kaum begonnen. Sie und das ungeborene Kind hatten grimmige Zukunftsperspektiven.

»Nun ja. Vielleicht kann sie für eine Weile von zu Hause weg? Wir könnten ein offizielles Adoptionsverfahren durchführen …« Mein Freund seufzte. »Es gibt so viele Probleme. Nimm zum Beispiel Margaret. So eine tapfere Frau. Diese gute Ehe mit Derek – und jetzt dieser Unfall …« Er sah mich scharf an, wir dachten beide an das gleiche. Man könnte zwei Probleme gleichzeitig lösen. Derek, der seine Frau liebte und achtete und sich nun nicht um sie kümmern konnte. – Karola, jung, kräftig, die einen Unterschlupf brauchte.

80

Auf der Heimfahrt schlug ich Karola diese Möglichkeit vor. Margaret lebte in einem entlegenen nördlichen Vorort. Karolas Familie, ihre Freunde würde es nie dorthin verschlagen. Wenn sie sich nicht viel außerhalb des Hauses zeigen würde – den Einkauf machten ohnehin Freunde von Margaret – und sich nur um den Haushalt kümmern und Margaret behilflich wäre, so könnte sie die Zeit der Schwangerschaft dort verbringen,

»Ich bin Journalistin«, erklärte ich. »Du kannst Deinen Eltern erzählen, ich brauchte eine Hilfskraft, die mehrere Monate bei mir wohnt. Wenn Du jetzt im fünften Monat bist, hast Du nach vier Monaten alles überstanden. Dein Kind kann adoptiert werden.«

Karola nahm das Angebot an, lächelte ihr zauberhaftes Lächeln und bat mich, sie am nächsten Tag abzuholen.

Das kleine Haus in Turffontein war noch schlimmer, als ich es mir vorgestellt hatte. Ein übler Geruch, eine Mischung von Bier, ungewaschenen Windeln und ranzigem Öl schlug mir entgegen. Ich saß im Wohnzimmer auf einem fettverschmierten Plüschsofa. Aus dem Badezimmer kam Kindergeschrei.

»Sechs Kinder! Karola ist die Älteste. Die Männer, die sind nun mal so – immer Samstag abends … Sie wissen ja …« Eine dicke, unbewegliche Frau, sicher jünger als ich, die aber zehn Jahre älter aussah. »Ich war so froh, als ich diese Operation hatte … vor fünf Jahren, wissen Sie …« Sie sprach Afrikaans, sah mich kaum an, eine Frau, die mit dem Leben nicht fertig wurde. Nur an einem Grübchen am Kinn, an den verwässerten grünen Augen konnte man eine Ähnlichkeit mit der Schönheit Karolas erkennen.

»Aber Durban! Daß Karola ausgerechnet nach Durban soll … Sie war ja schon dort, als Fünfzehnjährige, da hatte sie ja auch Probleme …«

Also, Karola hatte erzählt, daß ich in Durban wohne. Daran war nun nichts zu ändern. Das Kindergeschrei kam näher. Ein nackter, nasser kleiner Junge, eine Windel hinter sich herziehend, wackelte auf uns zu, die Nässe tropfte auf den Linoleumboden.

81

Die dicke Frau erhob sich, und drohend hob sich auch ihr Arm. Ein kleines Mädchen rannte auf den Kleinen zu und zerrte ihn zurück zur Tür.

»Ma! Bitte nicht schlagen – ich kümm're mich schon um Jannie …« Sie sah mich an, als die Tür zuschlug, setzte sich nicht wieder und murmelte eine Entschuldigung. »Sie sehen ja, immer Probleme. Er ist fast zwei Jahre alt, er spricht noch nicht … aber …« Ihre Stimme erstarb.

Karola kam ins Zimmer, eine Reisetasche in der Hand. Wir gingen.

Ich besuchte Margaret regelmäßig. Howard hatte mit Karola ausgemacht, daß er ihr für ihren Unterhalt wöchentlich eine bestimmte Summe zahlen und sie mindestens an jedem zweiten Tag besuchen werde. Außerdem fuhr er sie regelmäßig zu dem befreundeten Arzt zur Untersuchung.

Es war immer Leben in diesem Haus. Margaret hatte viele Freunde, wir kamen spontan zu ihr, einer ging in die Küche, wir anderen saßen in Margarets schönem Garten. Vor allem sonntags trafen wir uns bei ihr zum *braaivleis*, zum Barbecue und redeten – natürlich immer über Politik, hörten Musik, ab und zu brachte jemand eine Gitarre oder eine Geige mit. Zum Freundeskreis gehörte auch ein jüngeres Ehepaar, das keine Kinder hatte. Manchmal sprachen wir darüber.

Margaret und Derek hatten ein Gartenhaus umgebaut und es an eine Freundin vermietet. Eine feste Hausangestellte, die im Garten wohnte, so wie es sich für einen weißen Haushalt gehörte, hatten sie nicht. Eine Frau kam dreimal in der Woche aus dem Township zum Putzen. Derek und Margaret brauchten das Mietgeld.

Karola gehörte sofort zum Haushalt. Sie schaffte es spielend, Margaret in und aus dem Rollstuhl zu heben, ihre Schwangerschaft sah man ihr auch im siebten Monat kaum an. Sie strickte, las Comics und hörte Radio. Fernsehen gab es in Südafrika erst einige Jahrzehnte nach der Erfindung dieses Kommunikationsmittels – die Nationale Partei wollte burische Sitte und Moral nicht von fremden Ideen unterlaufen sehen. Wie zum Beispiel von einem Boxkampf zwischen einem Schwarzen und einem Weißen …

Margaret, die seit ihrem sechsten Lebensjahr an Arthritis litt, hatte ihren Universitätsabschluß teils im Fernstudium absolviert. Sie studierte weiterhin, hatte immer etwas zu tun.

»Es ist nicht leicht für Karola, immer nur unter Fremden zu sein. Natürlich hat sie manchmal schlechte Laune. Aber weißt Du, es ist für mich eine Freude, sie im Haus zu haben. Es ist herrlich, Schönheit um sich zu haben. Sie ist wie ein Wesen von einem anderen Stern. So – so unbeschwert. Sie verstehe uns nicht, sagt sie. Warum wir soviel reden. Uns aufregen.«

Aufregen. Wir hatten allen Grund dazu. Zwei unserer besten Freunde waren inhaftiert. Ein weiterer stand bereits vor Gericht. Eine andere Bekannte mußte sich ebenfalls vor den Behörden verantworten, weil ihre Hausangestellte ihr Kind im Hinterhof bei sich behalten hatte, obwohl es acht Monate alt war. Das war nur bis zum sechsten Monat erlaubt.

Auch wir mußten auf Karola wie Fremde von einem anderen Stern wirken. Sie bat Margaret darum, einen ihrer Freunde anrufen zu dürfen. Er würde sie nicht verraten. Andries heiße er. »Warum nicht?« meinte Margaret. »Ihr ist eben langweilig.«

Andries kam oft. Ein kantiger junger Mann, der wenig sprach. Margaret freute sich über Karolas helle Stimme im Garten, offenbar verscheuchte dieser Freund all ihren Mißmut.

Wenige Wochen vor Karolas Niederkunft rief Howard bei mir an. Seine Stimme zitterte. Er sagte leise: »Ich bin bei Margaret. Können Sie bitte kommen? Ja, sofort, bitte!«

Er stand bereits am Gartentor. Die letzten Wochen hatten ihn schwer mitgenommen. Er war blaß, zwei tiefe Falten zeichneten sich zwischen Nase und Lippen ab.

»Schrecklich«, sagte er. »Es ist schrecklich!«

Karola thronte in einem Sessel in Margarets Zimmer. Neben ihr stand Felicity, die das Gartenhäuschen bewohnte.

»So, da bist Du ja.« Sie blinzelte mich an. Das zurückhaltende Mädchen war verschwunden. Ich stand einer berechnenden Frau gegenüber.

Howard flüsterte: »Sie will Geld.«

»Was soll das heißen?«

Ich blickte in Karolas Augen. Sie lachte. »Du denkst, ich weiß nicht, daß Ihr Juden viel Geld habt? Pa hat's immer gesagt. Wenn Ihr Juden nicht gekommen wärt, dann würden wir auch nicht soviel Getue mit den Kaffern haben – und er hätte eine Farm und müßte nicht unter Tage arbeiten!«

Ich ließ mich in einen Stuhl fallen, hörte weiter dieser schrillen Stimme zu. »Also! Erstens – Dich werde ich anzeigen, weil Du versucht hast, das Kind illegal abzutreiben. Dich und Deinen Freund, diesen feinen Doktor. Der hat sicher gedacht, daß er viel verdienen kann, wenn er mein Kind jemandem gibt, was?«

Stille. Keiner sagte etwas. Die anderen hatten das alles schon gehört. Karola lachte wieder: »Na ja, wir können das auch anders machen. Ich kann's ja adoptieren lassen, aber ich will was dafür sehen – schließlich hab' ich monatelang Euer Geschwätz angehört!« Sie wandte sich an Howard: »Ich kapier' nicht, wie Du zu denen kommst – die sind doch nicht normal – diese Kleckserei an der Wand, sie sagen, das wär' Kunst – und diese Musik, ›Schönberg‹, hat sie gesagt, ›Gekreische‹, sag' ich ... Und immer reden, reden und lesen! Was soll das denn? Und überhaupt, was sie da reden. Das ist ja Verrat!«

Ich merkte, wie ich zitterte. Sie wandte sich wieder an mich: »Ich bin sicher, diese Freunde von Dir, die keine Kinder haben, die können sich's leisten, für mein Kind was zu bezahlen. Wenn Du 'nen anständigen Preis rausholst – und einen Alfa Romeo – dann kann ich das mit der Anzeige vergessen.«

Ich wollte Zeit gewinnen: »Ja, das muß ich mir überlegen … «

Sie sprach unbeirrt weiter: »Aber das ist nur ein Teil der Geschichte …«

Im Zimmer war es totenstill. Alle schienen den Atem anzuhalten. Ich glaubte, das feine Zirpen einer Grille aus dem Garten zu hören.

»Die da …«, sie zeigte auf Felicity. »Denkst Du, ich weiß nicht, was da läuft? Denkst Du, ich weiß nicht, daß die sich mit einem schwarzen Freund in ihrem Zimmerchen trifft?«

Am liebsten hätte ich mir die Ohren zugehalten, aber das ging nicht. Natürlich wußten wir es. Felicity war verliebt. Hatte seit langem eine feste Beziehung zu einem Schwarzen, der ebenfalls ein guter Freund von uns war … »Weißt Du, wer Andries ist? Warum hab' ich ihn wohl eingeladen, den Detektiv Sergeant Andries Pietrus van Wyk? Er würde sich sehr dafür interessieren, was sich in diesem Judenhaus so alles tut!«

Sie wollte das Liebespaar anzeigen! Nach dem »Immoralitätsgesetz« war geschlechtlicher Verkehr zwischen den Rassen verboten. Felicity und ihr Freund würden im Gefängnis landen, auch Margaret würde Probleme bekommen.

Howard streckte uns seine Hände entgegen: »Es tut mir so leid. Ich wußte nicht …«

Karola sah ihn verächtlich an. »Sieh zu, daß die tun, was ich will. Ich geb' Euch Zeit bis morgen.« Sie hob ihren schweren Leib mit einem Ruck aus dem Sessel und verließ wackelnd das Zimmer. Sie erinnerte mich an die dicke Frau in Turffontein.

Ich ging auf Felicity zu. Sie klammerte sich an Margarets Rollstuhl. »Ich packe«, sagte sie. »Es wird sowieso Zeit …«

Howard unterbrach sie: »Ich muß mich bei Ihnen entschuldigen. Es ist alles meine Schuld. Ich werde … Ich hoffe, Karola wird einverstanden sein, mich zu heiraten. Ich hätte das schon lange sagen sollen. Es ist die einzige Lösung.«

»Wartet alle etwas ab«, sagte ich, bückte mich, um Margaret zu küssen. »Howard, was Du mit Karola ausmachst, ist Deine Sache. Aber bitte, gebt mir Zeit. Bis heute abend. Werdet Ihr alle dasein?«

Alle waren da, als ich am Abend zurückkam. Ich war nicht allein. Die dicke Frau aus Turffontein begleitete mich. Und noch jemand ...

Als Howard uns verblüfft die Tür öffnete, erblickte dieser Jemand Karola, die wieder in dem Sessel saß, und raste auf sie zu.

»Ma!« rief der kleine Jannie, »Ma!«, und versuchte, auf Karolas Schoß zu klettern. Sie stand auf, bückte sich und schwang den jauchzenden Kleinen in die Höhe.

»Jannie, wie groß Du geworden bist!« rief sie – und dann erst verstand sie, was geschehen war. Haßerfüllt starrte sie mich an.

Ich schob Karolas verwirrter Mutter einen Stuhl hin. »Ja, wißt Ihr, mir ist da was eingefallen – wenn ich auch zugeben muß, daß es lange gedauert hat ... Ich erinnerte mich, daß Karolas Mutter mir erzählt hatte, daß sie vor fünf Jahren eine Unterleibsoperation gehabt habe ...«

Die dicke Frau nickte lebhaft. Die Sterilisation war ihr sehr wichtig gewesen. »Und dann hatte sie noch erzählt, Karola sei vor etwa zwei Jahren in Durban gewesen, was irgendwelche Probleme verursacht habe – und dann dachte ich an Jannie, der zwei Jahre alt war. Auch Fünfzehnjährige können Kinder bekommen, oder? Das mußte ich eben alles noch prüfen ...«

Und wie hatte ich auf dem Weg nach Turffontein im Wagen gezittert. Vielleicht hatte ich Unrecht. Karolas Mutter hätte ja auch einfach zerstreut und ungenau erzählt haben können ... Und warum hatte mir der Arzt davon nichts erzählt? Er muß doch gewußt haben, daß das nicht Karolas erste Schwangerschaft war. Aber ärztliche Schweigepflicht ist eben Schweigepflicht.

»Karola«, sagte die dicke Frau, »Pa wird sehr wütend sein ...«

Howard erhob sich: »Pa braucht nichts davon zu erfahren. Ich werde Karola in ein Hotel bringen. Und ich glaube, einer Adoption steht nichts mehr im Wege. Und dem Test wegen der Vaterschaft wohl auch nicht.«

Pinky

Diese Geschichte versprach ich zu schreiben.
Derartige Versprechen muß man halten, denke ich.

Eigentlich wollte ich nur etwas in diesem Hochhaus in Pretoria abholen und dabei sollte meine Kollegin ein Foto machen. Doch als wir dort ankamen, war es Mittagszeit.

Das Gebäude war leicht zu finden gewesen, ein Wolkenkratzer mit vielen Eingängen und einer Rolltreppe hinauf zum ersten Stock. Was fehlte, war ein Schild, das auf die Anwesenheit jener Behörde hinwies, die ich suchte: die Verwaltung des öffentlichen Dienstes, die *Public Service Commission.*

Als wir endlich den richtigen Eingang gefunden hatten, an dem mehrere Polizisten mürrisch ihren Pförtnerdienst verrichteten, verstand ich plötzlich: Im neuen Südafrika riegelte man sich, genau wie im alten, vor der Öffentlichkeit ab. Südafrika hatte im Laufe der Apartheid eben eine gewisse Lagermentalität verinnerlicht.

Der junge Mann, verantwortlich für die Pressekontakte, kam vom 18. Stock herunter. Er fragte, ob wir seine Mitarbeiterinnen kennenlernen und mit ihnen Kaffee trinken wollten. Es sei augenblicklich niemand in dem Raum, in dem das Foto gemacht werden sollte: eine Aufnahme der Stapel von zwei Millionen Bewerbungen, die die Verwaltung auf 11.000 inserierte Posten im öffentlichen Dienst erhalten hatte. Seine Kolleginnen seien soeben dabei, den Umbruch für das Hausjournal zu machen, vielleicht interessiere uns das.

An einem großen Tisch saßen mehrere Frauen, eine vertraute Redaktionsszene, ein Umbruch nach altem Stil, kein Computer war zu sehen. »Wir machen es noch auf die billige Art«, erklärte eine schlanke Dunkelhaarige, die half, Stühle in die Runde zu stellen. »Man hat uns aber neue Technologie versprochen.« Hatten die Sanktionen also doch gewirkt?

87

Wir wurden als Journalisten aus Europa vorgestellt. Ich sah mich um. Außer dem Mann für die Pressekontakte waren hier nur Frauen, etwa sechs, und alle weiß. Jemand holte die Sekretärin des Ministers, eine äußerst zurückhaltende, ungeschminkte Person. Sie setzte sich nicht, blieb mit verschränkten Armen am Eingang stehen.

Ich kannte ihren Chef, war ihm ein paar Tage zuvor in Kapstadt im Aufzug des Parlaments begegnet. Ein Rechtsanwalt, der lange die Justizabteilung des ANC geleitet hatte. Das erwähnte ich nun jedoch nicht. Schließlich befand ich mich in der Hochburg des Beamten- und damit des Burentums. Seit 1948 war der öffentliche Dienst fast ausschließlich von afrikaanssprachigen Südafrikanern besetzt, die englischsprachige Garde wurde damals ziemlich schnell ausgetauscht. Da es Teil des neuen Abkommens zwischen der alten Nationalen Partei und dem ANC war, keine Beamten zu entlassen, war ich nun nie sicher, ob ich mit jemandem der alten Ordnung oder mit neuen Angestellten aus den Reihen der ehemaligen Opposition zu tun hatte.

Wir machten Small talk. »Wie viele Mitarbeiter hat die Medienabteilung? Blühen die Jakarandabäume noch immer so herrlich in Pretoria?« Und dann, etwas zögernd: »Haben Sie sich schon an das neue Südafrika gewöhnt?«

Die Antworten kamen. Freundlich, gelassen. Man fing an, sich zu unterhalten. Ja, das neue Südafrika habe kommen müssen, so habe es einfach nicht weitergehen können. Ohne internationales Rugby, meinte der junge Mann lächelnd, sei das Leben nicht dasselbe gewesen, und beim ersten Cricketspiel hätten die Südafrikaner ja toll abgeschnitten, man gehöre nun wieder dazu.

Ja, sie könnte sich sehr gut vorstellen, bald schwarze Mitarbeiter zu haben, sagte eine der Frauen bestimmt. Ich blickte sie an. Sie war mir sofort aufgefallen als die älteste, freundlich, selbstbewußt, offensichtlich die Chefin. Evelyn, der einzige Name, den ich behalten sollte. Unerwartet stellte ich fest, daß sie englischsprachig war. Es fehlte der Kehlton des Afrikaans.

Irgendwie kam sie mir bekannt vor. Ich grub in meinem Gedächtnis. In den letzten Tagen war ich so vielen Menschen begegnet, die ich seit Jahren, Jahrzehnten nicht mehr gesehen hatte. Evelyn. Nein, ich hatte nie eine Evelyn gekannt. Sie sprach mich an.

»Sie sind keine Engländerin?«

»Nein. Ich bin ... Ich habe lange in Johannesburg gewohnt.« Sie stand inzwischen neben mir. »Ich auch. Mein Vater kam 1936 nach Johannesburg ... Sagen Sie, wollen Sie nicht in meinem Büro warten? Ihre Kollegin macht inzwischen die Fotos.«

Sie hatte eine herrliche Aussicht auf die Umgebung. Doch ich sah kaum hin, sondern blickte auf die Bilder an Evelyns Schrank. Der Kölner Dom. Der Rhein. Familienbilder. Sie nahm eines ab. »Mein Vater.«

Es war nicht schwer zu erraten, woher er gekommen war, damals im Jahr 1936. Das Bild zeigte einen lächelnden jungen Mann in Kaisers Uniform. Genau so ein Bild, wie ich es zu Hause von meinem Vater hatte.

»Er meldete sich mit sechzehn freiwillig, damals, 1917«, sagte Evelyn, »aber er merkte später rechtzeitig, daß es Zeit war, Köln zu verlassen. Er kam als einer der letzten Emigranten ins Land. Wie Ihre Eltern?«

»Ja. Ich war damals fast elf.«

»Ich wurde hier geboren.« Natürlich, sie war mindestens 20 Jahre jünger als ich. Wir sahen uns an und lachten. Das Erkennen war eben gegenseitig gewesen.

»Wie kommt eine Jüdin zu diesem Job?«

Sie schlug die Hände zusammen. »Ich bin Lehrerin. Mein Mann bekam einen Job hier an der Universität, vor 15 Jahren, und auch ich bewarb mich um einen freien Posten ... Ich muß zugeben, damals hätte man mich vielleicht nicht genommen, wenn man gewußt hätte ... Aber wissen Sie, später machte es keinen Unterschied mehr. Man akzeptierte mich. Ich habe eigentlich nie Antisemitismus verspürt. Nur, ich weiß, ich gehöre eben nicht dazu.«

Sie zögerte und fügte hinzu: »Ich bin nicht fromm. Aber trotzdem – Pretoria ist nicht Johannesburg. Es ist eine sterbende Gemeinde hier. Die jungen Leute gehen. Nach Johannesburg – oder aus dem Land.« Sie reichte mir Bilder ihrer drei Kinder und seufzte.

Wir wußten beide, daß die National Party 1950 eine Resolution erlassen hatte, keine Juden mehr als Mitglieder aufzunehmen. Erst später wurden sie wieder als »Weiße« anerkannt, eben wegen der Hautfarbe. Sie erzählte von ihrer Familie, von ihren gemischten Gefühlen gegenüber Deutschland und darüber, daß sie zwar nie die Apartheid akzeptiert, aber trotzdem nie aktiv in der Opposition mitgewirkt hatte. Ich erzählte von mir. Wir entdeckten gemeinsame Bekannte. Es war, als würden wir uns schon lange kennen.

Am Abend rief sie mich an, etwas ängstlich. Ob sie vielleicht etwas über die Verwaltung gesagt hätte, was sie nicht hätte sagen sollen. Ich versicherte, daß ich nicht vorhätte, über die Verwaltung zu schreiben. Ich wollte das Foto nur, um die Probleme des Arbeitsmarktes und die hohe Arbeitslosigkeit zu illustrieren.

»Darf ich Dir eine Geschichte erzählen? Ich wollte sie immer aufschreiben … Schreibst Du sie für mich?«

»Wenn Du willst …«

»Meine Eltern haßten die Apartheid. Aber sie hatten Angst, etwas zu sagen. Du weißt doch – man will nicht aus der Reihe tanzen. Aber, nun ja – ich wuchs mit einem schwarzen Kind auf. Sie war die Tochter unserer Angestellten. Genauso alt wie ich. Sie hatte einen komplizierten Namen, und so nannten wir sie Pinky. Wir taten alles zusammen – wir lernten zur selben Zeit laufen und sprechen, bekamen zur selben Zeit Mumps und die Windpocken. Sie war so lustig, immerzu lachten wir. Und hübsch war sie auch, mit netten großen runden Augen. Ihre Mutter machte ihr Zöpfchen. Ich versuchte das auch, aber mit meinem Haar ging das einfach nicht. Sie war meine liebste Freundin.«

Die Stimme am anderen Ende der Leitung verstummte.

»Was passierte dann?«

»Ich kam in die Schule. Und am Abend vorher sagte mein Vater: ›Erzähl dort nichts über Pinky.‹ Weißt Du, damals war das gefährlich ...«
Ich brauchte nicht zu antworten. Ich wußte es. Man durfte kein schwarzes Kind in einem weißen Haushalt haben, nicht, wenn es älter war als sechs Monate.

Evelyn sagte: »Heute hast Du über die Apartheid gesprochen. Ich habe bei ihnen gearbeitet. Im System. Und hab' ihnen nie gesagt, was ich wirklich dachte. Seit damals, als mein Vater das mit Pinky sagte. Es sei gefährlich, über etwas zu sprechen. Ich nehme an, in Köln war es für Vaters Freunde auch gefährlich zu sprechen.«

»Was war mit Pinky?«
Die Stimme wurde sachlicher. »Sie mußte doch zurück. In ein Homeland, ich weiß nicht, in welches. Ich weiß nur, daß es sehr schwer für sie war. Sie konnte kaum ihre Muttersprache – sie war ja immer nur mit mir zusammen gewesen, und wir unterhielten uns auf Englisch.«
Ich sagte nachdenklich: »Aber Kinder lernen Sprachen schnell.«
»Man akzeptierte sie nicht im Dorf. Nie. Doch zurück konnte sie ja auch nicht. Mein Vater mußte eine Strafe zahlen, jemand hatte ihn wegen dieser Geschichte angezeigt.«
Ihre Stimme war wieder leiser geworden.
»Hast Du versucht, sie später zu finden?«
»Pinky ... Ich weiß noch, ich war zwölf, da hörte ich, wie mein Vater von ihr sprach. Sie war tot. Sie hatte sich das Leben genommen. Ein Kind nahm sich das Leben, weil es nirgends mehr hingehörte. Das war's, was für mich Apartheid bedeutete. Ich hab's nie überwunden. Ich hab' so oft an Pinky gedacht.«
»Aber nicht über sie gesprochen«, dachte ich bekümmert, »wegen des Jobs ihres Mannes, wegen der Familie, aus Angst.«
»Bitte, versprich mir – schreib etwas über Pinky. Sie hätte nicht sterben sollen.«
Ich hörte, wie sie leise weinte.

»Ja«, sagte ich, »ich verspreche Dir, über Pinky zu schreiben.«

Über ein kleines Mädchen, das zwischen zwei Welten lebte und zu keiner mehr gehörte.

Kampf und Hoffnung

im südlichen Afrika

Der Zeuge

Er heiße Kwanza, sagte er. Es war schwer, ihn zu verstehen. Er saß umringt von seinen Landsleuten auf einem großen Stuhl, seine Beine reichten nicht bis zum Fußboden. Ein Minister, andere FRELIMO-Funktionäre, zwei junge Frauen, die wie Kwanza als Zeuginnen vor diesem Hearing über Mosambik aussagen sollten.

Mosambik – Mitte der 80er Jahre. Man wollte in Europa bekannt machen, wie furchtbar das Leben in diesem ostafrikanischen Staat war. Wie über ein Jahrzehnt die Infrastruktur systematisch zerstört wurde, wie Bauern gemartert, ermordet, versklavt, vertrieben wurden. Mosambik war in der Krise.

Die Europäer schienen das nicht zu verstehen. Oder verstehen zu wollen: Ihr Interesse war begrenzt. Der Konflikt im südlichen Afrika? Na ja. Man wußte kaum etwas über Südafrikas Versuch, das Apartheidsystem durch das Schüren von Konflikten in der Region zu verteidigen. Pretoria setzte die Regierungen des Gebietes unter Druck, verunsicherte sie, um dadurch eine Unterstützung der ANC-Freiheitskämpfer zu verhindern. Die stärkste Bedrohung erfuhren die beiden ehemaligen portugiesischen Territorien: Mosambik entlang der ostafrikanischen Küste, Angola an der Westküste. Beide standen als »sozialistische« Länder dem Ostblock nahe, so daß sich Südafrika der Unterstützung Washingtons sicher sein konnte, vor allem im Bürgerkrieg in Angola.

In Mosambik hatte Südafrika eine Erfindung der Rhodesier geerbt: die RENAMO, angeblich die einheimische Opposition zur FRELIMO-Regierung. Der rhodesische Geheimdienst hatte die RENAMO in den 70er Jahren mit ehemalig portugiesischen Rechtsextremen und früheren mosambikanischen Geheimpolizisten gegründet. Ihre Aufgabe war es, die junge FRELIMO-Bewegung zu sabotieren, da diese die rhodesische Befreiungsbewegung ZANU, geführt von Robert Mugabe, unterstützte. Im Jahr 1980 wurde aus Rhodesien die Republik Simbabwe, aus »ZANU-Terroristen« die Regierungspartei und aus Mugabe ein Premierminister, später Präsident.

Kurz vor Simbabwes Unabhängigkeit flogen die Südafrikaner die »RENAMO-Banditen« aus Rhodesien in den Nordtransvaal, zusammen mit einem illegalen Sender. Immer mehr RENAMO-Mitglieder wurden damals in geheimen Lagern ausgebildet. Ihre Existenz und ihr Weiterbestehen auch nach dem Friedensabkommen, das in Nkomati von Südafrika und Mosambik unterzeichnet worden war, wurde von drei mutigen weißen Südafrikanern, Roland Hunter und dem Ehepaar Hanekom*, belegt. Sie kamen alle drei vor Gericht und landeten in südafrikanischen Gefängnissen.

Immer wieder drangen Schreckensnachrichten in die europäische Presse. In Bonn nun sollte ein von den Grünen organisiertes Hearing stattfinden, bei dem man Augenzeugenberichte hören und Abgeordnete, Journalisten und politische Aktivisten informieren wollte.

Deswegen saß Kwanza mit den anderen Mosambikanern im Saal und beantwortete Fragen.

Bis vor zwei Tagen hatte der Junge noch nie Mosambik verlassen gehabt, hatte kaum gewußt, daß es andere Länder, andere Erdteile gab. Nun sollte er plötzlich mit fremden Menschen über sein Leben sprechen.

»Wie heißt Du?« – »Kwanza.«

»Wie alt bist Du?« Hilflos sah er sich um. Seine Hände zitterten.

»Er ist zwölf«, sagte der Minister. »Früher ging er in die Schule.« Er hob Kwanza auf, nahm ihn auf den Schoß, erklärte ihm die Fragen und übersetzte die Antworten.

»Was geschah mit Dir, Kwanza? Du brauchst keine Angst zu haben. Wir haben Dir gesagt, das sind gute Menschen. Sie wollen hören, was geschah, bevor Du zu den FRELIMO-Soldaten geflüchtet bist.«

---

* Derek Hanekom ist heute Land- und Agrarminister im Kabinett des Präsidenten Nelson Mandela.

Der Minister wandte sich an die Zuhörer: »Er lebt in einem Kinderlager in Maputo, unserer Hauptstadt. Wir haben ihn mitgebracht, damit Sie verstehen, was in unserem Land geschieht.« Er beugte sich zu dem Kind: »Was passierte in Eurem Dorf?«

Kwanza fing an, leise zu antworten. »Eines Tages kamen fremde Menschen in mein Dorf. Sie zündeten das Krankenhaus an und die Schule. Sie riefen alle zusammen. Dem Lehrer schlitzten sie die Lippen auf. Schnitten ihm die Nase ab und ein Ohr. Er blutete. Dann griffen sie Zinzi. Meine Schwester. Sie schrie und lief in den Busch, aber die Männer holten sie zurück. Mutter schrie. Sie hielt Zinzi fest. Da nahmen sie beide Frauen. Später rührten die sich nicht mehr.«

»Und dann«, fragte der Minister leise, Kwanza fest an sich drückend, »was geschah dann?«

»Sie gaben mir ein großes Messer. Sie sagten … sie sagten … ich müßte Vater das Messer in den Bauch stecken.«

Im Saal seufzte jemand. Kwanza nickte, ja, so sei das gewesen. »Was war dann«, fragte der Minister wieder, »was dann?«

»Ich ging mit ihnen. Ich mußte mitgehen. Ich konnte nicht im Dorf bleiben. Das brannte. Alle waren tot.«

»Alle?« – »Nein. Fünf Frauen und drei Männer nahmen sie mit, zum Gepäcktragen. Ich wurde zum Kämpfer ausgebildet. Später gaben sie mir ein Gewehr. Zu dem Messer, das ich noch immer hatte.«

»Das taten sie immer«, sagte der Minister. »Wissen Sie, Kinder kann man am besten erziehen. Ihr Gefühl für Gut und Böse ist nicht dasselbe wie bei Älteren. Und wenn sie einmal gezwungen worden sind, ein Verbrechen im eigenen Dorf zu verüben, können sie nie wieder zurück. Nie mehr. Deswegen lebt Kwanza in einem Lager. Zusammen mit anderen Kindern, die bei der RENAMO waren.«

Kwanza weinte lautlos. RENAMO. Das Wort hatte er verstanden. »Ich blieb bei der RENAMO«, sagte er, »bis ich weglief.« Er blickte in das Gesicht des Ministers. Der stand auf und trug Kwanza aus dem Saal.

Flint

Der Jeep fuhr an ihr vorbei über den schmalen Weg, als die junge Frau mit einer Ladung Holz zurück ins Lager ging. Sie grüßte, ihre freie Hand an die Stirn legend, denn sie hatte General Mbanga sofort erkannt. Er war der Befehlshaber der gesamten simbabwischen Befreiungsarmee* und wollte offenbar zum Kommandanten des Flüchtlingslagers, in dem Flint seit einigen Wochen ihren Dienst tat.

Zu ihrem Erstaunen bremste der Wagen.

»Guten Morgen, Genossin Flint!«

»Guten Morgen, Genosse General.«

Sie betrachteten sich gegenseitig. Sie den breitschultrigen Mann mit durchfurchtem Gesicht und buschigem Bart, er die ernste Frau mit der Last auf dem graziösen Kopf. Wie alt war sie wohl? Er schätzte sie auf siebzehn Jahre. Eine seiner besten Offiziere. Intelligent, zuverlässig, ehrgeizig. Sie hatte bereits jetzt einen Rang erreicht, der weit über dem vieler ihrer männlichen Genossen lag.

»Genossin, steig ein. Das Holz kann auf den Rücksitz.« Mbanga kam die Begegnung gelegen, er wollte ohnehin mit Flint sprechen. Flint, deren große schwarze Augen und sanfte Haut ihn schon lange anzogen. Instinktiv wußte er, daß sie ihn zurückweisen würde. Liebesaffären waren unter den Genossen verboten, und Genossin Flint war jemand, die sich streng an Vorschriften hielt. Sie war nicht gefügig, so wie die meisten Frauen Simbabwes. Sie war unabhängig, stark. Auch das machte sie attraktiv. Typisch, daß sie die Grenze nach Mosambik allein überquert hatte, nicht mit anderen Jugendlichen, die sich der Befreiungsbewegung anschließen wollten. Auch typisch, daß sie sich diesen Chimurenga-Befreiungskampf-Namen ausgesucht hatte: Flint – Feuerstein.

---

* Die beiden Befreiungsbewegungen ZANU und ZAPU kämpften ab 1966 gegen das weiße Minderheitenregime des Führers der rechtsradikal-rassistischen Rhodesian Front, Ian Smith. Ab 1972 entwickelte sich ein blutiger Buschkrieg, der erst 1979 endete.

Mbanga verlor keine überflüssige Zeit: »Eine wichtige Einheit in der Nähe von Umtali braucht dringend Unterstützung. Ihr Waffenlager wurde von den Rhodesiern entdeckt. Sie sind von unseren anderen Gruppen abgeschnitten, da die Dorfbewohner in die *keeps* abgeschleppt wurden.«

Flint nickte. Sie hatte schon davon gehört, daß die Smith-Truppen die Dorfbewohner seit einiger Zeit zwangen, in Wehrdörfern – *keeps* – zu leben. Nur tagsüber durften sie diese verlassen, um auf ihren Feldern zu arbeiten. So wurde der Kontakt zwischen der Landbevölkerung und den Freiheitskämpfern verhindert.

Ohne mit der Wimper zu zucken, nahm sie den Befehl entgegen, eine kleine Gruppe Frauen zusammenzustellen und über die Grenze zu gehen. Sie sollten der isolierten Einheit Proviant, Waffen und Medikamente bringen. Noch während der General sprach, überlegte sie, wen sie auswählen sollte. Nicht nur junge Frauen. Die älteren hatten mehr Erfahrung mit dem Tragen der schweren Lasten über lange Strecken. Mindestens eine sollte – so wie sie selbst – aus dieser Gegend stammen. Sollte ihr etwas zustoßen, könnte die andere die Führung über die Berge und durch den Wald übernehmen.

»Meldung um acht Uhr«, sagte Mbanga, als Flint vor der Hütte des Kommandanten aus dem Wagen stieg. Sie salutierte stramm, nahm ihr Bündel Holz und ging.

Es wurde eine erfolgreiche Mission. Flint und ihre vier Genossinnen fanden die *vakumana** in einer Höhle oberhalb eines ausgebrannten Hotels in den Nyanga-Bergen. Ihre Verbündeten auf einer benachbarten Teeplantage lebten nun in einem bewachten Lager. Alle Dörfer entlang der Grenze waren geräumt.

Die Männer hatten bis zur Ankunft der Frauen aus Mosambik von wilden Früchten gelebt. Nun hatten sie Munition und konnten nicht nur wieder angreifen, sondern auch jagen und sich selbst versorgen.

---

* In der Shonasprache Bezeichnung für die ZANU-Kämpfer »Unsere Jungen!«

Mbangas Lob war überschwenglich: »Ich wußte, daß Du es schaffen würdest! Jetzt müssen wir mehr Trägergruppen organisieren, weitere Waffenlager anlegen, eine bessere Kommunikation ermöglichen.« Er beförderte Flint. Sie war nun für diese Aufgaben verantwortlich. Die vier Frauen ihrer Gruppe machte sie zu Gruppenführerinnen. Regelmäßig leitete sie Operationen im Grenzgebiet.

Zwei Monate später meldete Flint sich beim Kommandanten: »Die Smith-Truppen haben unsere Spuren gefunden. Sie wissen jetzt, daß wir die Grenze überqueren. Sie haben Minen gelegt. Es wird immer gefährlicher.«
Sechs Frauen waren bereits umgekommen, drei mußten amputiert werden. Der Kommandant, ein junger Genosse mit dem gleichen Rang wie Flint, sah sie bekümmert an. »Ich kann diese Mission nicht abbrechen«, erklärte er, »Dieser Befehl muß vom Oberkommando kommen!«
Flint nickte. »Das verlange ich auch gar nicht. Ich möchte aber, daß sich daran auch Männer beteiligen. Wir teilen uns doch auch die anderen Dienste: Kochen, Holzsammeln, die Versorgung der Flüchtlinge. Warum sollen nur Frauen diese Versorgungsaufträge ausführen? In der Ausbildung wurde uns gesagt, Frauen und Männer seien gleichberechtigt.«
Der Kommandant stimmte zu.
Wenig später aber mußte er ihr die schroffe Antwort des Generals mitteilen: »Es stimmt, daß Frauen in der Befreiungsarmee die gleichen Rechte wie Männer haben, Genossin. Aber der General sagt, unsere Frauen seien von klein auf geübt, Lasten zu tragen. Die Landfrauen im Land selbst helfen unseren Genossen, indem sie unter ihren Bündeln Waffen und anderes Material tragen, selbst in Wassereimern sind Sachen versteckt. Er meint, es sei deshalb angebracht, daß Frauen diesen Auftrag ausführen.«
Flint widersprach scharf: »Männer haben starke Schultern, auch wenn sie weniger geschickt beim Tragen der Lasten auf den Köpfen sind!«
»Der Genosse hat Deinen Vorschlag abgelehnt, Genossin Flint.«

Sie wußte, es war nutzlos, weiter zu argumentieren. Sie organisierte ihre Gruppe, suchte sich drei Frauen aus, die sie gut kannte und denen sie vertraute. Schweigend verließen sie das Lager am späten Abend. Sie wollten die Grenze vor Tagesanbruch erreichen, um dann im Schutz der folgenden Nacht über die Berge wieder zurückzukehren.

Der Weg war lang und beschwerlich. Auch in Mosambik mieden sie Dörfer und schlugen sich durch den Busch. Man konnte nicht wissen, wo Informanten der Smith-Regierung lebten, überall lauerte Gefahr. Kurz vor Sonnenaufgang kamen sie in den Bergen an und fanden in den Granitfelsen eine Höhle, in der Flint schon einmal gelagert hatte.

Ehe der Mond aufging, nahmen sie den Weg erneut auf. Flint ging voran, betastete vorsichtig jeden Stein, jeden Strauch. Sie hatte gelernt, wie leicht es war, eine Landmine zu verstecken. Sie kletterten stetig höher, um sie herum die unheimliche Stille des Waldes. Der Wind bewegte die Äste der riesigen Bäume, die Geräusche der Nacht ängstigten die Frauen mehr als der Feind.

»Wir sind in der Welt der Ahnengeister«, dachte Flint. »Dies ist ihr Reich. Behütet Eure Kinder, beschützt uns, wir, die wir für Euch kämpfen, um das Land, das man uns gestohlen hat.«

Die Angst ihrer Freundinnen war greifbar, sie konnte ihren Schweiß riechen. Auch sie spürten den Atem der Geister im Säuseln des Windes, im Dunkel der Felsen und Höhlen.

Flint wußte nie genau, wann sie die Grenze überschritten, doch sie spürte den Heimatboden, erkannte jeden Pfad, der zu einem Dorf führte, hörte das Rauschen des kleinen Wasserfalls, den sie liebte.

»Über dem Wasserfall sind große Granitblöcke«, flüsterte sie. »Dort ist eine Höhle, in der wir ausruhen können. Ich werde mich unten am Teich frisch machen und dann die Genossen benachrichtigen, daß wir hier sind.«

Sie legten ihre Lasten unter einem alten Msasa-Baum ab, doch die Frauen drückten sich eng aneinander und sagten, sie würden lieber auf Flint warten. Oder die Höhle suchen.

Flint lächelte. Die Genossinnen fürchteten sich vor dem Wassergeist, der nachts kommen und sich eine Braut holen könnte. Sie schlich sich vorsichtig hinunter zum Wasser.

Als sie gerade ihren Fuß auf den ebenen Boden setzte, hörte sie die Explosion. Schreie, dann grausame Stille. Mit jagendem Atem und pochendem Herz rannte sie den Hügel hinauf. Sie wußte, was sie erwartete: Rauch, Schmerz, Blut, Tod. Sicher war eine der Frauen auf eine Mine getreten. Es war ihre Schuld! Sie hätte bei ihnen bleiben müssen! Nein, nein, dann wäre jetzt vielleicht sie tot und könnte den anderen nicht helfen, ihren Auftrag zu Ende zu bringen.
Es war schlimmer, als sie erwartet hatte. Keine hatte überlebt.

Flint blieb dort, bis erledigt war, was sie sich vorgenommen hatte. Dann nahm sie ihre Last und schlich sich in das Gebiet, wo die Gruppe lag, der sie den Nachschub bringen sollte.
»Ich bleibe hier«, erklärte sie den vier Männern. »Ich gehe nicht zurück nach Mosambik. Ich übernehme in diesem Abschnitt die Führung.« Das hatte sie bereits vor Beginn dieses Unternehmens geplant. Sie besaß einen höheren Dienstgrad als der Genosse am Ort. Sie nickte dem Jüngsten zu. »Ich habe einen Brief für General Mbanga. Und dieses Päckchen hier. Es ist gut verpackt und versiegelt. Überreiche es dem Genossen General persönlich.«
Der Junge lächelte sie an. »Ich komme zurück«, sagte er. »Die Smith-Leute werden sicher bald Geschichten von der großen Frau hören, die in den Bergen kämpft!«
Flint stimmte ihm zu. Eine Führerin würde etwas Ungewöhnliches sein. Sie würde sich einige Überraschungen für den Feind einfallen lassen müssen.

Für General Mbanga war bereits eine solche unterwegs ... Flint wandte sich von den Männern ab. Ihre neuen Untergebenen sollten nicht sehen, wie sie weinte. Am liebsten hätte sie die Fetzen von Fleisch und Haut, die sie so vorsichtig gesammelt hatte, gleich beerdigt. Aber nun sollte der Genosse General selbst feststellen können, daß Minen auch Frauenleiber zerstümmelten.

Tsitsi

Der Anruf von der Rezeption kam spät am Abend. Eine Frau Ngwenya sei angekommen. Ich hatte sie nicht mehr erwartet und blickte auf die Uhr. Genau Mitternacht. Merkwürdig – um diese Zeit kam kein Flugzeug aus Johannesburg mehr in Harare an, auch kein Zug.

Sie stand unten in der Halle, eine kleine, untersetzte Frau mit bläßlich brauner Haut und hohen Backenknochen. Ich schätzte sie auf Mitte Zwanzig.

»Frau Ngwenya?« Sie nickte. Der Mann an der Rezeption gähnte, und ich fragte zögernd, ob es noch möglich sei, etwas zu trinken zu bekommen. Er zuckte lediglich die Schultern, reichte mir einen Zimmerschlüssel.

Wir gingen nach oben. An ihrer Tür angekommen, drehte ich mich um.

»Ich habe einen Tauchsieder. Wenn Sie nicht zu müde sind, könnten wir Tee trinken. Dann kann ich Ihnen sagen, was heute schon auf dem Workshop gemacht wurde und wie es morgen weitergehen soll.«

»Wie Sie wünschen.« Sie stellte ihre Tasche ab und setzte sich auf das Bett, ohne sich im Zimmer umzusehen.

Ich schüttete viel Zucker in das Glas, Frau Ngwenya schien unter irgendeinem Schock zu stehen. Ich war zwar nur für den Workshop zuständig und nicht für die Teilnehmer, doch da sah ich keinen großen Unterschied.

Sie saß noch immer auf dem Bett, hatte sich überhaupt nicht bewegt.

»Frau Ngwenya, Ihr Tee.«

Nach einer ersten abweisenden Handbewegung nahm sie das heiße Glas und trank schließlich gierig, ohne abzusetzen. Ich sah ihr besorgt zu. Dann blickte sie mich zum ersten Mal an.

»Was ist das, ein Tauchsieder? Ach wo, sagen Sie es mir nicht, sicher wieder so ein modernes Patent, wie meine neue elektrische Schreibmaschine. Aber der Tee war gut.«

Ich lächelte. »Das freut mich, Frau Ngwenya.«

»Tsitsi. Ich heiße Tsitsi.« Die Beklommenheit der ersten halben Stunde schien verflogen. »Sie wollten mir von dem Workshop erzählen.«
»Wenn Sie nicht zu müde sind? Also. Sie müssen verstehen, es nehmen Journalisten aus sieben afrikanischen Ländern teil, und Sie sind die einzige aus Südafrika. Man ist auf Sie sehr gespannt. Sie werden viele Fragen zu beantworten haben, denn jeder, der das, was sich gerade in Südafrika abspielt, nur aus den Berichten kennt, möchte gerne mehr wissen: über den Aufstand in den Townships zum Beispiel.«
Anscheinend schien sie nicht zugehört zu haben, stellte das leere Glas auf den Tisch, sagte aber dann doch leise: »Ja, sicher, unsere Townships brennen. Alles brennt. Vor unseren Hütten stehen Panzer. Man durchsucht die Hinterhöfe nach Waffen. Unsere Kinder kämpfen – mit Händen und Füßen, mit Steinen. Man sperrt sie ein, man schlägt sie, man vergewaltigt die Mädchen.
Und wissen Sie, was sie zu uns sagen, die Kinder? Daß wir Feiglinge seien. Weil wir uns zu lange vor den Buren geduckt hätten. Weil wir uns so lange nicht gewehrt, nur den Rücken gebeugt hätten … Sie würden das nie tun. Es sei besser, auf den Füßen zu sterben, als auf Knien zu leben. O ja, unsere Kinder sind zu Helden geworden. Meinen Sie nicht auch, daß unsere Kinder Helden sind?«
Ich spürte den Unterton, doch ich konnte ihn noch nicht ganz deuten. Nicht Sarkasmus war es, nein, etwas anderes sprach aus ihr. Trauer? Angst? Das Gespräch hatte eine unerwartete Wendung genommen. Ich antwortete so unbefangen, wie ich konnte.
»Wir werden noch viel darüber sprechen. Wollen Sie jetzt nicht schlafen? Um neun fangen wir an.«
Als ich die Tür hinter ihr schloß, glaubte ich, sie weinen zu hören.

Am folgenden Tag war alles so, wie ich es erwartet hatte. Ehe wir mit der geplanten Arbeit anfingen, stellte ich Tsitsi Ngwenya aus Soweto vor. Sofort kamen die Fragen von den Kollegen aus Tansania und Uganda, aus Sambia, selbst aus Simbabwe, das einen eigenen Krieg erlebt hatte.

Doch das war ein Krieg gewesen, der im Busch ausgetragen worden war, nicht in den Ghettos der Städte.

»Stimmt es, daß das Land unregierbar gemacht wird, wie Präsident Tambo es verlangt hat? Wann wird Mandela befreit? Was ist ein Straßenkomitee? Warum gibt es in den Townships keine Läden, damit Ihr Euch selbst versorgen und die weißen Geschäfte boykottieren könnt? Was ist mit dem Schulboykott? Wäre es nicht besser, man lernte etwas? Wenn der Westen die von Euch geforderten Sanktionen einführt, verliert Ihr doch Eure Jobs, oder? Kämpfen Eure Kinder? In Uganda waren Kinder auch Soldaten, aber das war in einer Armee. Die haben nichts selbst organisiert. Sperrt man die Kinder ein? Und wie ist das mit den Halskrausen, verbrennen Kinder wirklich Menschen bei lebendigem Leibe?« Die Fragen schienen kein Ende zu nehmen. Tsitsi hatte die Arme verschränkt und hörte aufmerksam zu. Ihre Augen wanderten von einem Fragesteller zum anderen. Am Ende sagte sie: »So. Ich werde versuchen, es Euch zu erklären. Dann will ich nicht mehr davon sprechen … Ist das klar?«

Sie waren einverstanden. Tsitsi sprach. Ihre Sätze waren kurz und abgehackt, als ob ihr die Luft fehle.

Sie erzählte vom Leben in Soweto. Wie jeder versucht zu überleben, manchmal eben auch auf Kosten der anderen. Von den *tsotsis*, den jungen Kriminellen, die in Gruppen lebten und Arbeiter überfielen, wenn diese abends müde nach Hause gingen, manchmal nur, um ein paar Groschen zu stehlen. Asoziale Geschöpfe, die nie Liebe gefunden hatten, die auf der Straße aufgewachsen waren.

Sie sprach von den Informanten, die vom »System« gekauft worden waren, weil kein anderer ihre Dienste mehr benötigte und sie doch auch essen mußten. Sie erzählte von der Mutter, die vor Sonnenaufgang aufstehen mußte, damit sie vier Stunden später in einem städtischen Gartenvorort ihrer weißen Madam pünktlich den Tee an deren Bett servieren konnte – und vorher Wasser von der Straßenleitung geholt, die

Kinder geweckt, dem Mann seinen Haferbrei serviert und das Kleinkind zur Nachbarin gebracht hatte.

Die Kinder von Soweto seien sich selbst überlassen, flüsterte Tsitsi. Sie
müßten sich selbst verpflegen, seien aufeinander angewiesen. Für sie
seien die Eltern nicht wichtig, die wären ja nie da, kämen spät abends
todmüde von der Arbeit zurück, hätten keine Energie mehr, noch
irgend etwas für die Familie zu tun. Sie wollten nur noch essen und
schlafen, bevor sie am nächsten Tag dann abermals den langen Weg zum
Arbeitsplatz in überfüllten Zügen und Bussen bewältigen müßten. Nur
wenige könnten sich ein Minitaxi mit anderen teilen. Wieso sollten ihre
Kinder sie auch lieben – Eltern, die sich nur Ruhe verschaffen wollten
und immer die Hand zum Schlagen erhoben, Väter, die sich am
Wochenende sinnlos betränken, und Mütter, die sich am Sonntag bei
einem Sektenpropheten ihren Trost holten?

Wichtig seien nur die Freunde, die Klassen- und die Straßenkameraden
und deren Anerkennung.

»Das ist die Saat der Revolution der Jugend«, sagte Tsitsi zuletzt. »Unsere Kinder glauben, sie würden nicht mehr geliebt. Sie haben nicht gelernt zu lieben. Nur zu hassen. Und deswegen können sie auch Menschen am lebendigen Leib verbrennen.«

Der Workshop dauerte sechs Tage. Drei Tage arbeitete Tsitsi eifrig mit
uns zusammen, war beliebt und eine der Besten in der Gruppe. Wenn
einer der jungen Männer versuchte, sie »anzumachen«, hatte sie stets eine schlagfertige, derbe Antwort parat.

Am vierten Tag verschwand Tsitsi. Auch am Abend kam sie nicht
zurück. Ich entschloß mich zu warten, vielleicht besuchte sie ja Freunde in Harare. Ich wollte so lange wie möglich damit warten, das ANC-
Büro anzurufen, wollte ihr keine unnötigen Schwierigkeiten bereiten.

Am letzten Tag machten wir einen Ausflug auf eine Farm und kamen
erst spät am Abend zurück. Als ich mein Zimmer betrat, lag Tsitsi auf
dem Bett.

»Ich weiß jetzt, wie der Tauchsieder funktioniert«, sagte sie. »Nur, ich hab' den Tee etwas stärker gemacht als Du.« Eine Flasche Whiskey stand neben dem Glas.

Sie trank einen Schluck. »Hast Du Kinder? Ja? Ich habe eine Tochter – gehabt. So ein süßes Baby. Und nun …« Sie stand auf und ging im Zimmer auf und ab. »Ich bin nicht wegen Deines Workshops nach Simbabwe gekommen. Ich hab' die Einladung angenommen, oh ja, denn ich hoffte, vielleicht meine Tochter wiederzufinden.«

Ich saß ruhig da, rührte mich nicht. Es war, als spräche sie mit sich selbst.

»Am Tag, an dem ich ankam, ging ich von einer Adresse zur anderen. Jeder hier kennt die südafrikanischen Exilanten, die Flüchtlinge. Überall fragte ich: ›Kennt Ihr Malopa Ngwenya? Habt Ihr meine Tochter gesehen? Kennt Ihr jemanden, den ich fragen kann?‹ Keiner sagte ›Ja.‹ – Sag mal, hast Du 'ne Zigarette?«

Ich reichte ihr eine liegengebliebene Packung. Sie zog den Rauch gierig ein.

»Das letzte Mal, daß ich mein Kind sah, das war vor genau sechs Wochen. Vor sechs langen Wochen. Es war am Abend, ich war vom Büro mit einem Minitaxi nach Hause gefahren. Ich bin ja 'ne Privilegierte. Ich hab' einen guten Job, arbeite bei einer weißen Zeitung, schreibe eine Spalte für schwarze Frauen.«

Die Ironie in ihren Worten brauchte sie mir nicht weiter zu erklären. Ihre Stimme klang bitter und kalt.

»Malopa. Ihren Vater kennt sie nicht. Ich auch kaum, wenn man so will. Das ist nun mal so in den Townships. Ja, und an diesem Abend war sie nicht da. Ich kochte, deckte den Tisch wie immer für zwei. Dann wurde ich unruhig. Draußen auf der Straße fing der übliche Lärm an, das Gekreisch, die Rufe, Schüsse, Sirenen. Man ist es ja gewöhnt. Man gewöhnt sich an alles. Doch diesmal war ich wie gelähmt vor Angst. Wo konnte Malopa nur sein? Meistens war sie lange vor mir da, machte

Schulaufgaben, wartete auf mich. Ich dachte: ›Bei Freunden ist sie nicht, die bringt sie ja meistens zu uns.‹ Wir haben ja mehr Platz als die anderen.

Ich rannte auf die Straße, es war schon dunkel und fast niemand zu sehen. Einige Jugendliche rasten an mir vorbei. Ein Hippo rollte heran, ein Soldat sprang ab, griff sich einen der Jungen, zerrte ihn in den Panzerwagen. Ich schrie: ›Ihr Schweinehunde, wo ist meine Tochter?‹ Sie kümmerten sich nicht um mich. Ich ging ins Haus zurück und wartete. Da ging die Tür auf und Malopa kam herein. Ganz ruhig. Setzte sich an den Tisch und fing an zu essen.

›Was ist los?‹ schrie ich sie an. ›Wo warst Du?‹

Sie blickte mich an, als ob ich eine Fremde wäre. Ihre Stimme klang völlig gelassen, so, als ob sie ganz woanders wäre, nicht bei mir in unserem kleinen Zimmer.

›Los? Was soll denn los sein? Den Feuertanz haben wir gemacht. Eine Frau in einer Hütte, die brannte. Ha, wie die brannte! Es war herrlich!‹ Sie ließ den Löffel fallen, schnalzte mit den Fingern und fing an zu singen. ›Verräter! Wir sind die Rächer. Wir, die Jugend. Kommt! Wir zeigen es den Buren. Zusammen tanzen wir den Feuertanz!‹ Sie hustete, lachte hysterisch, bis ich sie ohrfeigte und sie plötzlich anfing zu weinen.«

Tsitsi machte eine kurze Pause. Dann fuhr sie fort:

»Weißt Du, wie alt Malopa ist? Neun Jahre alt. Und nun wußte ich zum ersten Mal, daß auch sie dabei war, bei der Halskrausensache.

Am nächsten Tag ging sie wie immer zur Schule. Um zusammen mit den Genossen zu konferieren.

Ich konnte nicht ins Büro, lief zu meiner Mutter. Sie hatte eine Schlafecke im Haus der Kinder ihres zweiten Mannes gefunden, der lebt auch nicht mehr. Malopa war dort nicht sehr gern gesehen. Du weißt ja, wie es manchmal in Familien zugeht. Macht nichts – das heißt, an diesem Tag, da hat es schon etwas gemacht.

Als ich in die Straße kam, erkannte ich sie fast nicht wieder. Überall Scherben und Trümmer. Ich konnte den Brand riechen, sah das verkohlte Zeug herumliegen. Ein Haus war total abgebrannt. Als ich näherkam, erkannte ich das Haus, in dem meine Mutter gewohnt hatte. Ich sah mich um. Es war wie in einer Geisterstraße, keine Menschenseele war zu sehen. Erst einige Ecken entfernt traf ich eine Frau. Sie war hochschwanger und hatte zwei Kleinkinder an der Hand. ›Was ist hier passiert?‹

Die Frau antwortete, als ob es nichts Besonderes gewesen wäre. Das ist es ja, das ist ja das Furchtbare. Es ist nichts Besonderes mehr. Sie sagte gleichgültig: ›Sie haben einem Polizisten die Halskrause umgelegt. Er ist weggerannt. In ein Haus, das ist auch abgebrannt.‹

Ich konnte es nicht fassen und schrie: ›Meine Mutter!‹

Sie sagte: ›Hm, ja – da war eine alte Frau. Die ist auch tot.‹

Als ich erschöpft heimkehrte, war Malopa nicht da. Sie kam überhaupt nicht mehr nach Hause. In der Schule sagte man mir, eine ganze Klasse sei über die Grenze gebracht worden, in der Nacht.«

Tsitsis Augen waren leer. Ich saß auf dem Bett und hielt ihre Hand. »Ich suche meine Tochter«, sagte sie. »Ich habe sie noch immer lieb. Auch wenn man unsere Kinder zu Helden gemacht hat. Zu Helden – und zu Mördern.«*

---

* Der Aufstand der Jugend in den schwarzen südafrikanischen Vororten führte Mitte der 80er Jahre zu Ausschreitungen. Jugendliche legten vermeintlichen »Mitläufern« des »Systems«, wie sie die Regierung nannten, mit Benzin gefüllte Gummireifen um und verbrannten Menschen bei lebendigem Leib. Der ANC verbot mit Erfolg diese Handlungen.

Lettie

Lettie hatte schon aufgetischt, als ihr Mann zur Tür hereinkam. Er grüßte kaum, setzte sich und verschlang, was sie ihm vorgesetzt hatte. Dann
stand er auf, holte die *New Nation*, die er sich mitgebracht hatte, und
fing an zu lesen.
Seit achtzehn Monaten waren sie zusammen. Sie hatten sich im Bus
kennengelernt. Lettie arbeitete in einer Textilfabrik, ihr Mann war Bo-
te bei der Stadtverwaltung.

»Heute ist Gewerkschaftssitzung!« bemerkte Lettie, die den Abwasch
machte.
Er knurrte: »Schon wieder? Bist Du sicher, daß Du mit den Männern
dort nichts anderes vorhast?«
Sie antwortete nicht. Sie war an sein Verhalten gewöhnt, wußte, daß andere Frauen ähnliches zu ertragen hatten. Ehe sie ging, sagte sie ihm,
daß das Frühstück schon vorbereitet sei, auch sein Mittagessen, das er
wie jeden Tag mit zur Arbeit nehmen würde. »Falls es spät wird, werde
ich bei Frau Nkosi übernachten, die wohnt ja ganz in der Nähe.«
Lettie hatte schwarze Hosen an, ein dunkles T-Shirt, und nun band sie
sich noch ein dunkles Kopftuch um. Der Mann zuckte mit den Schultern, verzog den Mund. Es war gefährlich, nachts allein durch die
Straßen des Townships zu laufen.

Vielleicht hätte er sich mehr Gedanken gemacht, wenn er gesehen hätte, daß Lettie nicht in Richtung des kleinen Kirchsaals lief, in dem sich
die Gewerkschaftsführung traf. Als sie leise und sicher über die ungepflasterten Straßen schritt, schien sie eine andere geworden zu sein.
Nicht mehr die demütige, ängstliche Frau, die sich davor fürchtete, daß
ihr Mann sie wütend anfahren könnte, wenn das Essen nicht fertig war.
Lettie war eine große Frau von zweiunddreißig Jahren, kräftig gebaut.
Selbstbewußt steuerte sie ihr Ziel an.

Plötzlich bemerkte sie einen Schatten hinter dem Supermarkt, in der Nähe der Bushaltestelle. Ein *tsotsi*? Hier war einer der Lieblingsorte der jungen Kriminellen. Hier stiegen die Arbeiter mit gefüllter Börse aus, um einzukaufen – leichte Opfer für gewiefte Jungs, die wußten, wie man mit einem scharfen Draht einem Menschen das Rückgrat für immer brechen konnte. Und die bereit waren, es zu tun.

Letties Schritte wurden langsamer, doch sie änderte weder die Richtung noch blickte sie sich um. Als der Junge sich auf sie stürzte, auf eine Frau, die so mutterseelenallein eine leichte Beute für ihn darstellte, war er sich seines Sieges gewiß. Sekundenbruchteile später überschlug er sich, lag vor Schmerzen gekrümmt auf dem Pflaster, hatte weder Zeit noch Möglichkeit, sich zu fragen, wie es gekommen war, daß er statt ihrer nun stöhnend am Boden lag.

Lettie beugte sich zu dem schluchzenden *tsotsi* herab. »Paß nächstens besser auf«, flüsterte sie, »Du siehst, es ist gefährlich, nachts durch das Township zu laufen. Ich hab' zu tun, Genosse. Spar Dir Deine Tricks für den Feind.«

Wenige Minuten später war sie am Ziel. Ein riesiger Müllhaufen türmte sich vor ihr auf. Die Müllabfuhr war seit einiger Zeit nicht mehr Sache der Township-Verwaltung. Die jungen Genossen hatten das selbst übernommen, es gehörte zu den Aufgaben der neuen Straßenkomitees, zum Versuch, sich selbst zu verwalten.

Lettie hielt den Atem an, nicht nur wegen des Gestanks. Ob sie es finden würde? Endlich erblickte sie die Tonne mit dem großen weißen Kreuz. Unerwartet gaben die Wolken den Mond frei, es wurde hell. Lettie duckte sich, wartete bis der Mond wieder hinter den Wolken verschwand. Dann kroch sie, wie sie es gelernt hatte, auf dem Bauch bis zur Tonne, richtete sich vorsichtig auf und griff suchend hinein. Tatsächlich, das Päckchen lag darin! Sie begann geübt mit dem Zusammenbau.

Knappe fünfzehn Minuten später war sie fertig.

Die Polizeistation lag neben dem Verwaltungsgebäude inmitten des Ghettos, umgeben von einer riesigen Mauer. Früher hatte hier nur ein Zaun gestanden, aber jetzt mußten sie sich schützen – die alte Angst vor der Autorität war verschwunden. Lettie huschte an der Mauer vorbei. Die war nicht ihr Ziel.

Am Rande des Ghettos machte sie halt, spähte in der Dunkelheit auf das Lager, von dem sie wußte, daß es vor ihr lag. Viel sehen konnte sie nicht. Seit langem wohnten die Polizisten nicht mehr im Township selbst, sie waren dort ihres Lebens nicht mehr sicher. Deswegen hatte man ihnen hier eine Zeltstadt aufgebaut.

Langsam zog Lettie aus jeder Hosentasche eine Handgranate, löste vorsichtig den Verschluß, glitt zu Boden und kroch wie eine Riesenschlange auf die Zelte zu. Sie erspähte Bewegungen, hörte Stimmen, holte tief Atem. Dann erhob sie sich. Geübt und ohne Zögern schleuderte sie ihre todbringende Last in Richtung der Zelte.

Noch ehe die Explosion, danach Schreie und Schüsse zu hören waren, lief Lettie im Zickzack über das offene Feld, in eine ganz andere Richtung als die, aus der sie gekommen war. Wie geplant lehnte das Fahrrad für ihre Flucht an einem Baum. Schnell stieg sie auf und raste die dunkle Straße entlang.

Eine halbe Stunde später stieß sie zu den im Saal der Kirche Versammelten. Atemlos entschuldigte sie sich für ihre Verspätung, sie sei gerannt, als sie gemerkt habe, wie spät es schon gewesen sei.

Frau Nkosi rückte beiseite, um Lettie Platz zu machen.

»Wollen wir gehen?« flüsterte sie. »Hier ist nichts los. Die reden nur, die Männer. Wie immer. Komm, dann brauchst Du nicht bei mir zu übernachten, Dein Mann sieht's eh nicht gern.«

Sie schlichen sich hinaus. Lettie wußte, daß Frau Nkosi Recht hatte. Es war besser, wenn sie nach Hause ging. Ihr Mann, wie alle anderen auch, wußte wohl, daß es richtig war, bei der Gewerkschaft mitzumachen – aber das sollten andere Frauen tun, nicht seine. Er sagte, es sei nicht recht, wenn seine Frau woanders übernachten müsse. Erstens sei es gefährlich, nachts auszugehen, man sei seines Lebens nicht mehr sicher. Außerdem wisse man nie, ob die Polizei nicht gerade an einem solchen Tag Razzien unternehmen würde. Es sei ein Risiko, nicht dort zu schlafen, wo man gemeldet sei. Was er wirklich meinte, war, daß man nicht sicher sein könne, ob eine Frau bei ihrer Freundin oder bei einem Freund übernachtete.

Am nächsten Morgen, als Letties Mann in die Stadt fuhr, hörte er im Zug, daß ein Überfall auf das Polizeilager stattgefunden hatte. Drei Zelte waren niedergebrannt, mehrere Polizisten schwer verletzt worden. Seine trübe Laune besserte sich. Das war doch mal was! Die jungen Genossen, die wußten schon, wie man dem System Angst einjagte. Die Befreiungsbewegung im Exil hatte ihre Leute gut ausgebildet. Seit die ersten Jugendlichen über die Grenze geflohen waren, hatten viele junge Leute dort eine militärische Ausbildung erhalten. Viele von ihnen kamen heimlich zurück, lebten im Untergrund, hatten eine neue Identität, gefälschte Papiere erhalten. Sie unternahmen kühne Projekte, hatten Ölinstallationen in die Luft gejagt, sogar das Hauptquartier der Armee in Pretoria angegriffen. In den Townships gaben sie ihre Kenntnisse weiter, immer neue Kämpfer wurden ausgebildet. Polizeistationen, Militärstützpunkte, Militärangehörige wurden als Ziele ausgewählt. Selbst Waffenlager sollte es inzwischen in den Townships geben.

»Die sollen keine Ruhe mehr haben, bis wir unser Recht kriegen«, sagte er abends zu Lettie. »Damit meine Frau wieder in Sicherheit schlafen kann!« Lettie nickte und lächelte ihn freundlich an. Dann fragte sie ihn, ob er noch ein Stück Fleisch haben wolle.

Die verdeckte Hand

Jenny Walters saß zusammengekrümmt im Wohnzimmer. Fast hätte ich sie nicht wiedererkannt. Sie, die ich als junge, lebensfreudige Zwanzigjährige 1990 in Johannesburg kennengelernt hatte.

Damals, nach der Freilassung Nelson Mandelas und der Legalisierung des ANC sowie der anderen Oppositionsparteien durch Präsident De Klerks Regierung der Nationalen Partei, durfte ich das erste Mal seit fünfundzwanzig Jahren wieder nach Südafrika einreisen.

Jenny plante in jenen Tagen, nach Amerika zu gehen, um Kommunikationswissenschaften zu studieren, »Weil der Kampf ausgebildete Fachkräfte braucht und meine Eltern es sich leisten können, mir das Studium zu schenken.«

Und nun, ein Jahr später? Als ich sie sah, fragte ich mich, ob sie ihre Vorhaben weiter verfolgen würde oder ob das, was sie durchmachen mußte, ihr den Willen, den Glauben an die Gerechtigkeit des Kampfes geraubt hatte.

Katie, ihre älteste Schwester, brachte uns Tee. Wir sprachen eine Zeitlang über belanglose Dinge, beklagten die Trockenheit, erzählten von unseren Kindern. Ich berichtete über das Leben gemeinsamer Freunde in Harare, wo ich gerade einige Monate gearbeitet hatte. Jenny hörte zu. Doch jedesmal, wenn die Tür aufging und einer ihrer Mitbewohner hereinkam, zuckte sie zusammen. Ben und Hennie waren Männer, und als solche bedeuteten selbst diese beiden, die sie so gut kannte und die schließlich bei dem Vorfall dabeigewesen waren, plötzlich Gefahr.

Jenny teilte das Haus in Yeoville mit Ben Geralds, einem extrovertierten Architekten, den sie seit der Schulzeit kannte, und mit Hennie und Bettie Welz, die, wie Jenny, in diesem Viertel das neue Südafrika suchten. Einst war es eine gefragte Gegend gewesen, vor allem für die aufstrebenden jüdischen Immigranten der 30er Jahre, die aus den ärmeren Vororten wie Doornfontein, Jeppe oder Mayfair dorthin kamen. Später zogen diese weiter, in reichere Gegenden. Yeoville verkam und wurde zum Slum. In den 80er und 90er Jahren verwandelte sich der Vorort nahe des Stadtzentrums in eine Grauzone. Die kleinen Häuser mit ihren gerundeten Fenstern und winzigen Vorgärten wurden frisch angestrichen, die Zimmer renoviert. Seither leben hier progressive Weiße neben und manchmal sogar mit sogenannten »Andersrassigen«. In der Einkaufsstraße gibt es Buchläden und Straßencafés. Die Atmosphäre ist angenehm und nicht so bedrohlich wie in der Grauzone des benachbarten Vorortes Hillbrow, wo Drogen und Kriminalität eine weitaus größere Rolle spielen als die neue Gesellschaftsordnung. In Johannesburg, mit seiner eigenartigen Konstellation alter und moderner, reicher und ärmster, »weißer« und »schwarzer« Vororte, kommt es vor, daß verschiedene Welten nur durch eine schmale Straße voneinander getrennt sind.

Ich erinnerte mich an das, was Jenny bei unserer letzten Begegnung gesagt hatte: »Ich bin ein Südafrikaner!« Ich hatte sie gefragt, was sie damit meine.
»Ich bin keine Weiße mehr oder eine weiße Südafrikanerin, nur noch Südafrikaner. Ich wohne neben einer Ex-Farbigen. Wir sind alle gleich – Weiße, Farbige, Schwarze ...« Hennie hatte daraufhin gefragt, ob sie nun auch eine Ex-Frau sei.
»Ach, Geschlecht ist Geschlecht. – Du bist ja auch noch immer ein Mann.«
»So? Hat Bettie die tiefsten Geheimnisse unseres Lebens verraten?«
Damals waren sie eben alle noch gutgelaunt gewesen. Und nun?

Vor drei Wochen war Bettie bei ihren Eltern gewesen, Jenny und die beiden Männer zu einem Vortrag ins Market-Theater gegangen. Als sie spät in der Nacht zurückkamen und Ben die Tür aufschloß, traf ihn ein

Faustschlag mitten ins Gesicht. Die drei wurden ins Haus gezerrt und fanden sich, ohne auf diesen plötzlichen Angriff reagiert haben zu können, auf dem Boden des Wohnzimmers wieder.

Ihnen gegenüber standen drei vermummte Gestalten, die Strumpfhosen über die Gesichter gezogen hatten. Einer hielt eine Pistole in der Hand und zwang sie mit Gesten, sich gegen die Wand zu setzen. Man fesselte sie schnell und geübt und steckte den Männern Knebel in den Mund.

Die Vorhänge waren zugezogen, das Zimmer total demoliert. Die Poster waren von der Wand gerissen, Stühle lagen umher, der Tisch war umgekippt, die Schubladen herausgezogen und ausgeleert. In der Mitte des Raumes waren Sachen aufgehäuft – Kleider, Bücher und Manuskripte. Es gab wenig in dieser Wohnung zu stehlen. Die vier waren erst vor einigen Wochen eingezogen und besaßen nicht einmal ein Fernsehgerät.

»So, da seid Ihr ja«, sagte der Mann mit der Pistole, »wir haben auf Euch gewartet.«

Er sprach Englisch mit dem harten Akzent des Südafrikaners und konnte sowohl ein Weißer als auch ein Schwarzer sein; es war unmöglich, das durch die Verkleidung hindurch zu erkennen. In seiner Hand hielt er die ANC-Mitgliedskarten der Hausbewohner.

»Wir wollten mal gucken, wie unsere Befreier aussehen! Na, Genossen, was denkt Ihr? Sind sie nicht goldrichtig?«

»Oh ja«, bestätigte einer der anderen Einbrecher, »es geschieht ja nicht jeden Tag, daß man Freunde trifft, was? Die haben sicher Madiba selbst die Hand geschüttelt. Und haben bei Demonstrationen mitgemacht. Das ist doch Ehrensache!«

Madiba. Er benutzte den respektvollen Namen für Nelson Mandela, seinen Häuptlingstitel.

Jenny fand ihre Stimme als erste wieder. »Was wollt Ihr denn noch? Nehmt, was Ihr gesucht habt, und verschwindet!« Das brachte ihr eine Ohrfeige ein, die sie umwarf.

»Rausschmeißen wollt Ihr uns? Ich dachte, Südafrika gehört allen, die dort leben – wir leben nicht so schön wie Ihr hier in Yeoville. Also wollen wir uns das teilen.«

Der dritte Mann, der die ganze Zeit schweigend in der Ecke gesessen hatte, erhob sich. Er war ein Hüne, noch breitschultriger als Hennie, der selbst schon zum Rugbyspielen geboren zu sein schien.

»Teilen ist eine gute Sache!« erklärte der Riese, dessen krächzende Stimme sich verstellt anhörte. »Genossen müssen alles teilen. Sicher teilt Ihr auch Sex?«

Er bewegte sich, für seine Größe verblüffend schnell, auf Jenny zu, hob sie auf und setzte sie auf einen Stuhl in die Mitte des Raumes.

»So ein hübscher Vogel. Den teilt Ihr beiden Euch? Ach nein, ich hab' die Vierte vergessen, Schade, daß die nicht hier ist. Ich hätte gern gesehen, wie Ihr das macht, Sex zu viert. So ist das doch bei Euch Aufgeklärten, oder?«

Seine Hände hielten Jennys Schultern fest. Der Mann, der die Waffe hielt, schlug damit auf Ben ein, der verzweifelt versucht hatte, sich von der Stelle zu bewegen. Hennie bekam seine Beine frei, trat aus und erwischte einen der Männer am Knie. Sofort wurde er überwältigt und mit harten Stiefeln traktiert.

»Schlagt sie nicht k.o.!« warnte Jennys Bewacher. »Wir wollen doch mit ihnen reden. Wir wollen über den Befreiungskampf sprechen.« Er erhob einen Zeigefinger. »Aber wir nehmen die Knebel nur ab, wenn die Jungs versprechen, brav zu sein und nicht zu schreien oder zu beißen. Sonst müssen wir uns an die Kleine ranmachen, ja? – Einen Profit machen wir bei dieser Sache hier sowieso nicht … Also versprecht, schön ruhig zu sein!«

Jennys angsterfüllte Augen genügten den beiden jungen Männern. Sie nickten und die Knebel wurden ihnen abgenommen.

Fast eine Stunde lang mußten die Hausbewohner Rede und Antwort stehen. Wieso konnten drei beziehungsweise vier weiße Jugendliche aus der privilegierten Klasse sich mit der schwarzen Mehrheit identifizieren? War das nicht Verrat an der eigenen Gruppe? Was sagten ihre Familien dazu? Hatten sie denn nicht gelernt, daß es keine Gerechtigkeit in den schwarzen Ländern nördlich des Limpopoflusses gab, sondern nur eine andere Art der Ausbeutung?

Die drei Eindringlinge selbst waren offenbar klüger. Es gab für sie nur eine Art des Kampfes: die Selbsthilfe. Sie waren nicht bereit, die Sprüche der sogenannten Führer zu glauben, die von einer gerechten Sozialordnung, gar von einer neuen Ära sprachen. Madiba und die anderen wollten nur selbst an die Fleischtöpfe. So war es immer und überall gewesen. In Südafrika würde es nun nicht anders sein.

»Ihr werdet benutzt, wie die schwarzen Kämpfer auch. Wir *tsotsis* glauben nicht an Gott oder an den Teufel. Wir vertrauen niemandem.« Sie stellten sich selbst also als *tsotsis* vor, als gwiefte Verbrecher. Doch waren sie es wirklich? Hätten *tsotsis* sich Zeit genommen, so lange über Politik zu sprechen, hätten sie nicht ganze Sache gemacht und dann die Flucht ergriffen?

Plötzlich stand der Mann mit der Pistole auf und fegte die Sachen, die sie aufgehäuft hatten, in den Kamin. Dann zündete er, während die drei entsetzt zusahen, das Feuer an. Die Kleider, das war nichts – aber die Familienbilder, die Manuskripte, diese Dinge waren unersetzlich. Zuletzt brannten die ANC-Mitgliedskarten.

Jenny liefen die Tränen über das Gesicht. Der Hüne drehte sich um und lachte: »So, Du hast gedacht, wir hätten Dich vergessen, was? Jetzt wird's spaßig!« Er warf sich auf sie, verschloß ihren Mund mit seiner riesigen Hand, deren eigenartig verstümmelter Mittelfinger sich unter dem Handschuh abzeichnete, und riß ihr mit der anderen den Rock vom Leib. Er ließ sich kaum die Zeit, sicher zu sein, daß Ben und Hennie sich nicht rühren konnten, und zwang sich immer wieder in Jennys zarten Körper. Als er aufstand, war der nächste bereits am Werk. Bevor der dritte es ihnen nachmachen konnte, war Jenny schon bewußtlos.

Die Nachbarn hatten nichts bemerkt. Offensichtlich waren die drei Besucher durch den Hinterhof gekommen, der an eine kleine Gasse grenzte, und gingen nun auch auf diesem Wege wieder. Sie kletterten unbemerkt über den Zaun und stiegen – wahrscheinlich schon ohne die Masken – in ihren sicherlich gestohlenen Wagen.

Bettie fand ihre Freunde eine halbe Stunde später. Ben war es gelungen, seine Hände zu befreien, und er hatte bereits die Polizei gerufen. Jenny war innerhalb einer Stunde in ärztlicher Behandlung.

»Das machte Schlagzeilen«, erzählte Katie, »›ANC-Anhänger von Tsotsis überfallen‹ … Eine der Tageszeitungen schrieb einen Kommentar, daß die Progressiven nicht denken sollten, sie würden verschont werden, wenn die Schwarzen die Zügel in die Hand bekämen. Das hätte der Vorfall klar bewiesen. Und unsere Eltern … sie sind total verunsichert. Seither wollen sie Jenny bei sich behalten. Und nun sprechen sie davon, auszuwandern.«

Zum ersten Mal, seit wir über diesen Vorfall sprachen, blickte uns Jenny an. Ihr Lachen war schrill, ihre Stimme überschlug sich: »Ja, aber was denkt Ihr denn? Das war doch der Sinn des Ganzen, oder? Ihr tut genau so wie die anderen, die nicht hinhören, wenn Mandela von der »Dritten Kraft« spricht! Das sind sie, die an der alten Ordnung festhalten wollen, die mit jedem Trick spielen, um die Verhandlungen zwischen der Regierung und dem ANC zu verzögern. Und, wenn sie können, den ANC um seinen rechtmäßigen Wahlsieg bringen. Bemerkt Ihr denn nicht, was vor sich geht? Die Schwarzen werden gegeneinander aufgehetzt. Und nun greifen sogenannte *tsotsis* uns Liberale an, um den ANC zu diskreditieren! Seht Ihr nicht, daß die Geheimdienste genügend Übung in den Frontstaaten bekommen haben, wo sie Stellvertreter für sich morden ließen?«

Damit meinte sie die Truppen, die der südafrikanische Geheimdienst in all den vergangenen Jahren in den Nachbarländern ausgerüstet und ausgebildet hatte, und die nur angeblich für ihre eigene Sache gekämpft hatten, wie zum Beispiel die UNITA in Angola und die RENAMO in Mosambik.

Katie versuchte, sie zu beruhigen, doch sie sprach aufgeregt weiter.

»Genau so machen sie es jetzt in den Townships und hetzen die Inkatha Freedom Party, die ja nun wirklich keine Freiheitspartei ist, auf den ANC. Wir sind auch dran, wir weißen Mitläufer der neuen Ordnung, die kommen soll. Die Extremisten haben gelernt, mit fremden Händen zu spielen. Oder seht Ihr das anders?«

Sie schluchzte und sagte leise: »Ich weiß nur eins, was wir dagegen tun können: weitermachen. Um unseren Kindern eine Zukunft zu schenken.«

In der Tat verzögerten sich aufgrund der nicht abreißenden Kette der Gewaltaktionen die Verhandlungen zwischen der NP und dem ANC. Von 1990 bis zu den ersten freien Wahlen im April 1994 fielen 15.000 Menschen dieser Gewalt zum Opfer. Doch 1991 initiierten die Kirchen ein Abkommen, das von politischen Parteien, den Kirchen, der Polizei und der Armee unterschrieben wurde. An der Basis wurden Friedenskomitees dieser Gruppen gegründet. Tausende internationaler Beobachter des Friedensprozesses kamen ins Land.

Am wichtigsten war die Ernennung der Goldstone-Kommission, die begann, die Ursachen der Gewalt zu untersuchen. Auch diese stellte schließlich die Existenz der »Dritten Kraft«* fest. Nachdem ich das gehört hatte, rief ich sofort meine Freunde an, die gelassen erklärten, daß sie das natürlich seit Jahren wüßten und nun froh seien, daß endlich festgestellt würde, daß diese bestehe und daß sie kein Hirngespinst eines Politikers mit Verschwörungstheorien sei.

---

* Während der Übergangszeit 1990–1994 versuchten rechtsextreme Weiße im Sicherheitsapparat, die Verhandlungen zwischen der Regierung und dem ANC mit verschiedenen Mitteln zu sabotieren. Mandela nannte sie die »Dritte Kraft«.

Eine Enthüllung folgte der nächsten. Viele Agenten flüchteten ins Ausland, andere gaben ihre Geheimnisse preis. Immer mehr Aktivitäten der »Verdeckten Hand« kamen ans Licht der Öffentlichkeit.

Es hatte einen geheimen Polizeifonds gegeben. Angeblich waren Geheimeinheiten der Polizei verantwortlich für eine Serie von Verbrechen, angefangen mit Aufforderungen zum Terrorismus. Polizisten hatten IFP-Kämpfer ausgebildet, bewaffnet und diese auf ANC-Anhänger gehetzt. Sie waren in düstere Geschichten verwickelt, in Morde, Entführungen, illegalen Waffenhandel und Bombenattentate. Bereits im Mai 1994 nahmen zwei der höchsten Polizeioffiziere ihren Hut, nachdem der Staatsanwalt erklärt hatte, er hätte erste Beweise für derartige Taten. Im Januar 1995 ging schließlich auch der oberste Polizeichef.

Eine kurze Zeit nach unserem Treffen erhielt ich einen Brief von Jennys Schwester Katie. »Jenny ist fast wieder die alte! Sie sah ein Foto, aufgenommen von einem Journalisten in einer Straße in London. Das Gesicht des Mannes darauf, ein angeblicher südafrikanischer Agent, war nicht zu erkennen, alles war verschwommen. Aber – der Mann hielt seine große Hand vor die Augen. Eine Hand mit einem eigenartig verstümmelten Mittelfinger ...«

Das neue Südafrika

Napoleons Sieg

Der Hügel glitzerte in der Sonne. Ein künstlicher Hügel, aufgeschüttet aus dem Sand der Goldbergwerke, gelb wie die Eifersucht, hart wie Granit – ein massiges Monument menschlicher Gier.

Ein Mann saß am Abhang auf einem Felsenriff und starrte auf eine Wasserfläche, die wie die Hügel dem Bergwerk ihr Dasein verdankte. Sein Großvater und sein Vater hatten im Schweiße ihres Angesichts 3.000 Meter unter der Erde für Hungerlöhne Gold aus den Granitfelsen gegraben, hatten ihre Familien, ihre Gesundheit, ihr ganzes Leben dem weißen Mann und seinem liebsten Metall geopfert. Doch Burgs muskulöser Körper verdankte seine Kraft nicht der gleichen Sklavenarbeit. Zusammen mit den Genossen hatte er sich aufgelehnt gegen die Unterdrückung, die Ausbeutung, die gesellschaftliche Ordnung in seinem Heimatland. Und – was hatte es gebracht? Für ihn fast 13 Jahre Exil. Für das Land Leid und Blut, aber auch die Hoffnung auf Gerechtigkeit. Er sollte nun eigentlich glücklich sein, hier, wieder zu Hause. Stolz, daß endlich die wahren Führer des Volkes mit den anderen verhandelten. Daß sich nun ein neuer Weg zur Demokratie auftat.

Doch es war alles ganz anders, als er gedacht hatte. Ja, er war mit anderen MK-Soldaten* wie ein Held am Flughafen umjubelt worden. Ja, man hatte ihm etwas Geld gegeben. Ja, es stimmte, keine politische Organisation kann eine Wohlfahrtseinrichtung sein. Burg konnte ja auch bei seinem Onkel in Diepkloof unterkommen, durfte seinen Schlafsack dort in der Küche ausbreiten.

Aber als er am nächsten Tag in einen der neuen Minibusse stieg, um nach Johannesburg zu fahren, hatte er »dumela« gerufen. Burg war stolz gewesen, damals, als er entdeckte, daß jener Gruß zum afrikanischen Alltag gehörte. *Dumela* in Soweto, *mulibanje* in Lusaka, *mangwana* in

---

* Der ANC gründete mit der ebenfalls verbotenen S.A.C.P., der Kommunistischen Partei Südafrikas, einen militärischen Flügel, »Umkontho we Sizwe« (MK) – Speer der Nation.

Harare: »Wie geht es Dir?« – und sofort von der höflichen Formel beantwortet: »Gut, wenn es Dir gut geht ...«

Doch hier hatte bisher keiner sein freundliches »*dumela*« beantwortet,
gar mit ihm gesprochen, wie er es erwartet hatte. Jeder hatte nur stur
auf seinem Platz gesessen. Lediglich ein alter Mann hatte etwas Unver-
ständliches gemurmelt, vielleicht war es ja die übliche Antwortformel
gewesen.

Nach wenigen Stunden verstand er: Die Menschen hatten Angst. Vor
allem und jedem. Man traute niemandem mehr, schon gar keinem
Fremden in blauen Jeans und weißem T-Shirt. Damals, als die Jugend
rebelliert, als die Townships gebrannt hatten, da waren alle dabei gewesen. Da war man sich einig gewesen, die Revolution hatte begonnen.
Man hatte die Kinder unterstützt, war in der Tat mit Feuer und Flam-
me bei der Sache gewesen. Doch jetzt war es eben anders. Verständlich,
denn es war eine andere Zeit. Wer in den Townships konnte wissen, wer
Freund war oder Feind? Menschen, die jede Nacht Schüsse hörten, die
jede Minute durch Polizeistiefel oder den Besuch fremder Mörder aus
dem Schlaf gerissen werden konnten, die täglich Opfer dieser
Schreckenszeit werden konnten, diese Menschen hatten jedes Vertrau-
en verloren.

Alles war verwirrend. Zehn Tote hatte es an diesem Morgen gegeben.
Unbekannte hatten einen Minibus angeschossen. Keiner konnte – oder
wollte – die Täter identifizieren. Es war nicht mehr wie früher, selbst in
der Familie. Burgs Onkel hatte bereits gefragt, wann er die nächste Miete zahlen werde. Miete! Um auf dem Boden zu schlafen! Wo war die alte
afrikanische Gastfreundschaft geblieben?

Burg war so tief in Gedanken, daß er zu spät bemerkte, daß er Gesellschaft bekommen hatte.

»Laß die Hände, wo sie sind ... sonst geht's Dir schlecht, Alter!«
Drohende Worte. Ein Messer an seiner Kehle. Ein Junge in hellbrau-
nen Hosen und zerschlissenem Hemd. Ein zweiter stand grinsend am
Abhang. Burg fühlte die Anwesenheit eines dritten im Rücken.

»Was willst Du, Genosse?« Ein *tsotsi*. Burg kannte die jungen Kriminellen, verstand auch ihre Spezialsprache, war er doch selbst auf der Straße aufgewachsen. »Ich kann Euch nicht viel geben ... zehn Rand.« Der Junge lachte hämisch. »Zehn Rand – eh, damit wisch' ich mir den Hintern! Soviel haben die Weißen immer dabei, damit wir ihnen nichts tun! Und ›Genosse‹ ... einer der Alten, was? Vollgefressen mit Worten wie ›Brüderlichkeit‹, ›Gleichheit‹, was?« Er fuchtelte mit dem Messer vor Burgs Augen herum und wandte sich lachend um zu seinem Freund.

Für Burg genügte das. Sich geschickt duckend, schnellte er vor. Sein linkes Knie traf in die Leiste des *tsotsi*, während seine Hand dessen Arm mit dem Messer verdrehte. Der zweite Jugendliche hatte sich kaum vom Fleck bewegt, als sein Kumpel ihm schon entgegentorkelte, beide das Gleichgewicht verloren und den Abhang hinunterrollten. Burg hatte bereits den Kampf mit dem dritten aufgenommen, der versuchte, ihm auf den Rücken zu springen. Ihn abzuschütteln und zu seinen Freunden zu schleudern, war beinahe ein Kinderspiel. War er, Burg, nicht stets Sieger in jeder östlichen Kampfsportdisziplin gewesen?

Burg keuchte und holte tief Luft, als ein Mann aus der Höhle hinter dem Abhang heraustrat. Ein stämmiger Mann, breitschultrig, guter Anzug, dunkle Sonnenbrille. Burg bemerkte die Beule unter dem linken Arm. Dieser Zeitgenosse war mit mehr als nur einem Messer bewaffnet. »Gut gemacht, Kumpel.« Der Mann trat näher. »Ich glaube kaum, daß wir Kumpel sind.« Burgs Körper war gestrafft und kampfbereit. Der Mann lachte. »Wir können es ja werden. Ich bin sogar sicher, daß wir es werden.« Er streckte seine Hand aus. »Du bist MK, was? Seit einigen Wochen wieder hier, warst – laß mal überlegen – so an die zwölf Jahre weg, hast studiert, bist Kämpfer. So wie Du mit denen da fertig geworden bist, hast Du sicher 'nen schwarzen Gürtel oder so. Genau das, was Napoleon braucht.« Er nahm die Brille ab und zwinkerte in die Sonne. »Aber du hast kein Geld, keinen Job. Ich kann Dir beides ge-

ben. Wie heißt Du? Hast sicher irgendeinen erfundenen Namen ...
›Hart‹ oder ›Gewalt‹, was?«

»Burg, ich heiße Burg.« Der Mann hatte recht. Er hatte sich den Namen ausgesucht. »Festung«, das erschien ihm damals zu kompliziert. Er fügte hinzu: »Ich brauche keine Hilfe!« Er dachte an all die Bewerbungsbriefe, die er abgeschickt hatte. Heute würde er telefonieren. Er wollte auch noch zum Hauptquartier gehen, um mit Genosse Dube zu sprechen.

»Napoleon zahlt gut für gute Leute, Burg.«
Napoleon? Burg hatte diesen Namen schon oft im Township gehört. Ein gewisser Napoleon war Chef der größten Kriminellenbande.
»Ich sagte, ich brauch' sowas nicht.«
»Nein? Weißt Du ...« Der Mann tat nachdenklich. »Auf einen Pfiff hin sind sie wieder hier. Und zusammen machen wir Dich fertig. Die drei gehören mir.« »Dann gehört Dir Dreck.« Der Mann lachte kurz. »Tja, die sind nicht so klug wie Du! Doch geschickt genug, sie bringen so manches zusammen: Uhren, Ketten, Taschen. Aber in das Geschäft brauchst Du nicht einzusteigen. Napoleon braucht einen neuen Chauffeur. Überleg's Dir: Wohnung über der Garage, in Napoleons Haus. In Sandton natürlich. Er wohnt schon lange nicht mehr in Soweto. Nicht erst, seit die Gesetze geändert wurden.« Also doch der Bandenchef! Burg grinste. »Warum soll ich für einen Kriminellen arbeiten?« »Weil Du sonst hungern wirst.« Der Mann lehnte sich gegen den Felsen. »Ich mach' Dir einen Vorschlag. Denk nach, Mann. Du hast drei Tage Zeit – dann bin ich um dieselbe Zeit wieder hier. Wenn Du kommst, gut. Wenn nicht ...«
Er drehte sich um, war in wenigen Sekunden verschwunden. Am Fuß des Hügels sprang ein schwerer Wagen an.
Am frühen Nachmittag saß Burg im Büro seines alten Kommandanten. Es war nicht das erste Mal, daß er im Hauptquartier des ANC im Shell-Haus war, doch wieder einmal mußte er dieses Managementquartier mit

dem schäbigen Haus in Lusaka vergleichen. Das hatte zwischen der Hauptstraße Cairoweg und dem Cha-Cha-Weg gelegen, und während der Regenzeit mußte man durch den Schlamm stapfen.

Daniel Dube, schick gekleidet mit einem hellen Anzug im Mao-Stil, hatte Burg sofort Zutritt gewährt, war aber sehr beschäftigt. Man gab sich die Türklinke in die Hand: eine Sekretärin, Genosse Miller von der Information, sein alter Freund Naidoo vom Auslandsbüro – jeder wollte etwas fragen, sagen, holen, und dazwischen klingelte pausenlos das Telefon.

Endlich lehnte sich Dube in seinem Sessel zurück und sah Burg strahlend an. »Ich hörte schon, Ihr seid angekommen – es wird Zeit, daß Ihr alle hier seid und beim Aufbau des neuen Südafrika mitmacht. – Du wohnst bei der Familie? Gut, gut. Wir müssen uns zurechtfinden, nicht jeder ...« Wieder klingelte das Telefon und Dube streckte die Hand danach aus, überlegte es sich jedoch anders und rief laut, daß er fünf Minuten Ruhe brauche.

»Es geht mir um einen Job«, sagte Burg. »Ich hörte, daß die MK-Kader in die Sicherheitskräfte integriert werden sollen?«

»Stimmt, aber Du hast doch einen Uni-Abschluß. Du solltest Dich besser als Zivilist bewerben.«

Burgs Stimme wurde leiser. »Das bringt wenig. Die weißen Multis nehmen niemanden, der in Moskau Volkswirtschaft studiert hat ... Ich habe wieder drei Absagen bekommen. Eine Firma sagt, sie hätte meine Bewerbung nicht erhalten. Ich möchte gerne durch die MK ...«

Dube erhob sich. »Gib Deinen Namen der Genossin im Vorzimmer. Versprechen kann ich Dir natürlich nichts, es ist alles ziemlich schwierig. Die Gespräche schleppen sich ja dahin, seit wir vor drei Jahren zurückkamen. Aber natürlich kümmern wir uns um unsere Leute. Geh erstmal zum Komitee für Rückkehrer.«

»Hoffnungslos«, wollte Burg sagen, »die haben nicht genug Geld für uns alle – wieviele sind wir wohl, 15.000? Die Arbeitslosigkeit war so schon hoch genug. Auch ohne uns. Man hat nicht auf uns gewartet.«

Als er nach Hause kam, fragte der Onkel ihn aus. »Warst Du im Shell-Haus? Hast Du Geld gekriegt? Einen Job? Nein? Weißt Du ... so leicht ist es nicht, einen Mund mehr zu füttern – und außerdem, Schlafplätze sind auch nicht leicht zu kriegen. Du mußt schon irgend etwas tun.«

Zwei Tage lang suchte Burg nach Arbeit. Stand selbst für einen Botenjob Schlange. Doch er kam nicht mal bis zur Tür, da war die Stelle bereits vergeben.

Am dritten Tag ging er langsam zum Abhang hinaus. Als er ankam, sah er den Mann mit verschränkten Armen vor dem Eingang der Höhle sitzen. Vor ihm auf dem Felsen standen bereits zwei geöffnete Flaschen Bier. – Napoleon war sich seines Sieges sicher gewesen.

Happy

Man konnte Happy ansehen, daß seine Stimmung augenblicklich keineswegs im Einklang mit seinem Namen stand.

Seine sonst so lustigen Augen, die meistens alles bemerkten, waren gesenkt, während er langsam durch die Straßen schlenderte. Er blickte kaum auf, als Mama Bingo »*dumela*« rief, pfiff nicht, als Peachy in ihrem engen Minirock aus Mamas Haus trippelte, achtete nicht einmal auf das neue Plakat an der Hauptstraße, die ins Stadtzentrum führte. Obwohl dort das Konzert der Bongo-Boys aus Simbabwe für Samstagabend angekündigt war und Happy bereits seit Wochen »Sonderkarten« dafür verkauft hatte. Sonderkarten: Er hatte von einer Eintrittskarte ohne viele Schwierigkeiten Kopien hergestellt. Die Druckmaschine, die er vor zwei Jahren aus einem Warenhauslager hatte mitgehen lassen, leistete ihm gute Dienste.

Nein, er hatte auch keine Sorgen wegen der fehlenden Nummern auf den Sonderkarten, das störte ihn nicht. Solange es die Veranstalter nicht störte … Und das nahm Happy nicht an, denn er hatte die Kunden seiner Karten sehr sorgfältig ausgewählt. Verteilt wurden sie nämlich von den »Glasbläsern«. Tolle Typen, erstaunlich, welche Fähigkeiten diese Jungs in ihrem noch kurzen Leben schon erworben hatten. Niemand würde auf die Idee kommen, den »Glasbläsern«, einer der größten Strassenbanden, und ihren Freunden irgendwo den Eintritt zu verweigern, auch den ins Stadion nicht.

Happy nahm einen Minibus nach Braamfontein. Doch selbst das rege Leben in den Straßen entlang der neuen Hochhäuser mit ihren feudalen Büros heiterte ihn nicht auf. Doch dann grinste er: Vor ihm erhob sich ein funkelnagelneues Parkhaus mit einem ebenso neuen Schild: »Zutritt nur mit Berechtigungskarte!«

Hm, eine glatte Herausforderung. Happy blickte auf seine Uhr, während er arbeitete. Er brauchte ganze 35 Sekunden. Mit Sicherheitselektronik stand er längst auf gutem Fuß.

Happy war erfreut, Tsafendas auf dem Dach des Parkhauses zu treffen. Erstaunt aber war er darüber nicht, denn Tsafendas kannte sich noch viel besser als er selbst mit Elektronik aus. Außerdem hatte er oft geschäftlich in Hillbrow oder Braamfontein zu tun. Insgeheim hatte Happy gehofft, seinen Freund hier zu treffen.

Er hieß Tsafendas, weil seine Mutter meinte, es sei der schönste Tag ihres jungen Lebens gewesen, als sich ein verrückter Grieche in den Kopf gesetzt hatte, den Premierminister Verwoerd im Parlament zu erstechen. Sie war damals zehn oder so gewesen und erinnerte sich genau, wie damals die ganze Nacht gefeiert worden war. »Fiel aber nicht besonders auf«, sagte sie, »weil Samstag war. Da wurde immer gefeiert.«

Happy interessierte sich wenig für Geschichte. Der Name jedenfalls paßte haargenau. Tsafendas war ein Meister im Umgang mit dem Messer. Wahrscheinlich viel geschickter als sein Namenspatron, der in einem Irrenhaus elend verstarb.

Gerade hatte sich Tsafendas hinter das Lenkrad eines schwarzen Porsche gesetzt, als Happy auftauchte. Er runzelte die Stirn. Nur ungern wurde er bei der Arbeit gestört.

»Ist es wichtig?«

Happy seufzte. Blickte auf die eingeschalteten Lichter des Wagens und sagte: »Nichts ist wirklich wichtig.«

Tsafendas prüfte, ob er die Alarmanlage ausgeschaltet hatte. »Hm. Probleme?«

»Probleme? Im neuen Südafrika? Wo wir uns alle miteinander versöhnen? Wo ich nach Sandton ziehen kann, wenn ich Lust dazu habe?«

Tsafendas brummte: »Lust ja – aber hast Du auch das richtige Benehmen? Ich meine: Weißt Du, wie man mit dem Gärtner spricht?«

Happy war beleidigt. »Ich hab' oft mit einem Gärtner gesprochen. Einer der Onkel meiner Mutter, also ich meine, einer dieser Onkel, die immer eine Zeitlang bei uns wohnten, der hatte 'nen Job als Gärtner. Bei einem Bankdirektor!«

Tsafendas war erneut in den Porsche vertieft. »Mann, was die heute alles können. Der hat einen eingebauten Ortssinn – weißt Du, der sagt Dir, wo Du hinfahren mußt, wenn Du ihn richtig programmierst. Also, Happy, mach's kurz. Ich hab' nicht viel Zeit, ich muß noch einen Kunden besuchen.« »Suchen oder besuchen?«

Tsafendas stieg aus dem Auto aus und zog Happy in eine Ecke hinter dem Aufzug. Er hatte scharfe Ohren. Jemand war auf dem Weg nach oben. »Also, was ist los?«

Happy seufzte erneut. »Alles. Sag mal ehrlich: Hast Du 'nen Kunden für den Porsche?«

Tsafendas brauste auf. »Warum sollte ich keinen haben?«

»Weil alles anders ist im neuen Südafrika. Früher – fand man einen guten Wagen, und in kurzer Zeit hatte man einen Kunden für das Ding, oder die Jungs in Kanis Garage verwandelten ihn in wenigen Minuten in seine Einzelteile ... So ging's auch mit anderen Lieferungen – Radios und so ... und heute? Is' nich' mehr. Keiner kauft mehr von Einzelhändlern. Oder?«

Aus ihrem Versteck heraus beobachteten sie, wie ein Mercedes langsam an ihnen vorbeifuhr. Zwei Männer. Am Steuer ein stämmiger Riese, breitschultrig, mit spitzen Gesichtszügen. Neben ihm ein alter Glatzkopf, der auf den Fahrer einredete. Wie so oft fragte sich Happy, warum Weiße wohl so häßlich waren. Dann ärgerte er sich, weil die beiden nicht ausstiegen.

Tsafendas sagte langsam: »Stimmt, was Du sagst. Seitdem die Drogenhändler hierher gekommen sind ...«

»In das neue Südafrika!«

Tsafendas ließ sich nicht unterbrechen. »Die haben heute alles in der Hand. Die Straßenjungs arbeiten nicht mehr auf eigene Faust. Sie kundschaften alles für die Großen aus. Die zahlen. Jeder wird von ihnen abhängig. Die kaufen Menschen durch ihre Drogen.«

Happy nickte. »Sie haben alles – organisiert. Sogar Kani arbeitet jetzt für sie. Ich hab' den Eindruck, daß *tsotsis* wie wir, die nicht mit den großen Banden arbeiten, eine aussterbende Spezies sind.« Happy und Tsafendas waren seit ihrer Kindheit *tsotsis* – Kleinkriminelle – gewesen und waren noch immer Mitglieder einer kleinen Gang. Zur Zeit des Kampfes gegen die Polizei hatten sie gemeinsame Sache mit der politisierten Jugend gemacht. Auch das war jetzt anders: Diese jungen Kämpfer waren jetzt Mitglieder der Lokalverwaltung oder ähnliches.

»Das schlimmste ist, die Männer, die das große Geld machen, das sind Fremde. Aus Westafrika, aus Lateinamerika. Snake sagt, die Polizei kommt dagegen nicht mehr an – die machen ihre Geschäfte über Leichen.«

Snake! Happy kannte den Polizisten gut, den Tsafendas nannte. Ein schmieriger Kerl, der zur Zeit des Kampfes mit seiner Familie in ein Polizeilager gezogen war. Damals waren Polizisten Zielscheibe der rebellischen Jugend gewesen. Nun war Snake wieder im Township, lebte in seinem alten Haus. Ja, selbst die Polizei war anders im neuen Südafrika. Mißmutig beobachtete er die Weißen, die sich weiter unterhielten. Sie hatten die Fenster heruntergedreht, man konnte ihre Stimmen gut hören.

»Die Entwicklungshelfer sind fremd«, erklärte der Glatzkopf. »Nennen sich Experten. Sicher wissen sie viel mehr als wir über die Technik. Doch kennen sie das Land wirklich? Sie haben Bücher gelesen. Aber – Leute wie wir wissen, wie man hier Geschäfte macht. Wer verläßlich ist. Die werden von allen möglichen Leuten übers Ohr gehauen werden, wenn sie alles allein machen wollen. Mann! Im Bauwesen geht's um Milliarden!«

Tsafendas flüsterte: »Snake sagt, man kann Drogen nicht mehr abschaffen. Nur einschränken. Wenn sie das nicht schaffen, ist hier keiner mehr sicher, dann leben wir alle nach deren Regeln.«

Der stämmige Fahrer hatte den knarrigen Akzent der Buren. »Du meinst also, eine Consultingfirma?«

»Jeder macht das. Wir sind im Baugeschäft, also werden wir Berater in unserer Branche! Vermitteln … beraten – gegen Prozente …«

Happy konnte den Rest des Satzes nicht hören. »Natürlich, Tsafendas! Andere Zeiten – andere Arbeit!«

»Leise, Mann!« Tsafendas duckte sich hinter einen alten Dodge.

»Die hören nichts – die verhandeln. Wie wir! Tsafendas, ich hab's, das ist die Lösung: Happy Consultants für *tsotsis*! Wir beraten die Jungen im Bandenwesen ... Sagen ihnen, wo 's langgeht ... Wer die Guten sind, für die man was machen soll und wie ... Und dann, wo sie besser die Finger rauslassen sollen und warum. Alles gegen Prozente. Genau wie die.«*

---

* Die nach 1994 massiv angestiegene Kriminalität ist eines der größten Probleme des neuen Südafrikas geworden. Vor allem Johannesburg, das New York in puncto Kriminalitätsrate übertroffen hat, ist von diesem Phänomen betroffen. Nelson Mandela ernannte 1997 einen bekannten Geschäftsmann, um die Polizei neu zu organisieren.

Neue Sicht

Man hatte Johanna ans Fenster in einen Rollstuhl gesetzt. Sie hob das Gesicht, um die Sonnenstrahlen zu spüren. Seit sie nicht mehr sehen konnte, war die Sonne ihr bester Freund geworden, immer wenn sie allein im Hof neben der Kochhütte gesessen hatte.

»Es geht mir gut«, antwortete sie auf die Frage nach ihrem Befinden. Erinnerte sich daran, daß man ihr gesagt hatte, sie sollte nicht mit höflichen Floskeln antworten und wiederholte etwas lauter: »Ich habe keine Schmerzen.«

»Das ist gut so, Frau Mpoma, heute ist ein wichtiger Tag!«

Johanna erkannte die Stimme – sie nannte sie die »Ruhige« – und spürte den Druck einer festen Hand an ihrem Handgelenk. »Die ›Ruhige‹ zählt das Blut in meinem Arm«, dachte sie. Das machte sie jedesmal, wenn sie kam. Sie betrat ihren Raum nur selten, nach der Stimme zu urteilen, mußte sie jung sein, sicher eine der Hilfskräfte für die anderen, die »Lauten«, so nannte sie die Schwestern, die stets herumhantierten und immer viel zu reden hatten. Johanna kannte fast alle »Lauten« mit ihrem Namen, sie erzählten von ihren Familien, ihren Kindern. Manchmal auch über ihre Männer, die noch immer in Johannesburg arbeiteten. Auch ihr Mann hatte früher dort gearbeitet, als er noch am Leben war und sie noch sehen konnte. Erst in den letzten Jahren war langsam alles unsichtbar geworden. Und warum nicht? Auch der Großvater hatte sein Augenlicht verloren. »Trachom« hatten sie es genannt, die anderen im Dorf.

Die »Ruhige« ließ Johannas Hand los und sagte: »Frau Mpoma, in einer Stunde holen wir Sie.« Etwas zögernd fügte sie hinzu: »Es wird sicher alles in Ordnung sein, wenn wir die Binde abnehmen. Haben Sie keine Angst!«

»Sind Sie hier in Venda zu Hause?« Die Frage war ihr herausgerutscht, doch nun konnte Johanna die Worte nicht mehr zurückholen. Es tat ihr leid, sie hatte doch kein Recht, die Hilfskraft aufzuhalten. Es gab so viel zu tun im Krankenhaus. Ja, man hatte sie hier gut behandelt. Ihr Medizin und Essen gegeben. Dann hatte sie etwas zum Einschlafen bekommen, und man hatte sie mit verbundenen Augen in den Saal gebracht.

»Ich bin auf einer Farm in der Nähe geboren«, antwortete die »Ruhige«. Johanna konnte ein Lächeln in ihrer Stimme hören. »Eine Farm, mit einem großen Steinhaus auf einem *kopje.*«

Eine Farm? Ein hartes Leben muß das gewesen sein. Johanna hatte manchmal ihrer Großmutter geholfen, die während der Erntezeit auf einer Farm Orangen pflücken ging. Da hatte es viele Kinder gegeben, die in einer Siedlung in Blechhütten lebten, nicht in strohgedeckten Lehmhütten wie im Dorf. Die Orangenbäume standen mit ihrer schweren Last genauso in Reihen wie die weißen Soldaten, wenn sie im Hof der Kaserne Aufstellung nahmen.

Johanna sagte stolz: »Ich bin in Johannesburg geboren!«

Sie hatte gelernt, die Richtungen, aus der die Stimmen kamen, genau zu bestimmen. Jetzt merkte sie, daß die »Ruhige« bereits weitergegangen war, als sie etwas erstaunt fragte: »In Johannesburg?«

»Meine Mutter war eine *meid* in einem Haus in der Stadt. Sie wollte zur Geburt nach Hause kommen, aber ich kam vier Wochen zu früh.« Die Großmutter hatte die Geschichte oft erzählt. Wie die Mutter mit einem sechs Wochen alten Kind angekommen war und erzählte, wie die Wehen ganz plötzlich gekommen waren und die Madam sie ins Krankenhaus gefahren hatte. Wie man das Baby in einen Kasten gelegt und künstlich ernährt hatte. Nur in Johannesburg war das möglich gewesen. Deswegen hatte man sie Johanna genannt. Sie hätte ihre Geburtsstadt gerne noch einmal wiedergesehen, aber es kam nie dazu. Mutter hatte auch nur selten Zeit, sie zu besuchen. Bis sie dann eines Tages überhaupt nicht mehr kam.

Johanna war bei der Großmutter geblieben, hatte auf dem Feld mit ihr gearbeitet, den Haushalt besorgt. Es war immer viel zu tun, Johanna war nicht das einzige Kind. Die Familie eines ihrer Onkel lebte bei ihnen, eine Frau mit drei Söhnen. Auch der Onkel arbeitete in der Stadt. Die Jungen gingen in die Schule, sie liefen jeden Tag zwei Stunden durch den Busch zur Mission, wo auch drei weiße Familien lebten. Als sie sieben Jahre alt geworden war, ging Johanna mit ihnen. Aber nach drei Jahren wurde der Großvater krank, da mußte sie noch mehr zu Hause helfen, sie war schließlich das einzige Mädchen.

Trotzdem war es eine schöne Zeit gewesen. Und es war der Großvater, der bei einer Männerversammlung von der Buschschule hörte, die abgehalten werden sollte, weil die Tochter des Häuptlings das richtige Alter erreicht hatte. Hunderte junger Mädchen kamen überall aus dem Vendagebiet. Monatelang wurden sie von den alten Frauen unterrichtet. Sie hörten von der Geschichte ihres Volkes, von seinen Gebräuchen, vom Kommen des weißen Mannes. Vor allem aber lernten sie, wie man sich als Frau zu verhalten hatte. Eine harte Schule. Aber sie hatte gut abgeschnitten, hatte alles überstanden und wurde belohnt. Sie durfte als zweite direkt nach der Prinzessin im Schlangentanz stehen.

»Wir gehen!« Johanna spürte, wie eine der Schwestern sie durch den Saal schob. Ein wichtiger Tag, hatte die »Ruhige« gesagt. Ja, das stimmte wohl, aber es hatte auch andere wichtige Tage gegeben. Wie damals, beim Schlangentanz. Die Mädchen waren schon kurz vor Tagesanbruch geweckt worden. Es war kalt in den Bergen, aber sie durften keine Schuhe anziehen, nur kurze Blusen über den Strohröcken, den neuen, die sie extra für diesen Tag gemacht hatten. Sie kletterten hoch hinauf, immer höher. Stets blieben sie abseits des Pfades, denn sie durften nicht von den Männern gesehen werden, die zum Fest kamen.

Den ganzen Weg über hörten sie das Schlagen der Trommeln, die den Tag ankündigten und das Volk zusammenriefen.

Ach, wie war dieser Tag auf der Bergspitze aufregend gewesen! Die Dorf-ältesten scharten sich um den großen Häuptling, dahinter standen die übrigen Männer. Die Jungen hielten sich abseits. Dann, als die alten Frauen endlich zufrieden waren, durften sie sich zum Tanz aufstellen. Junge, schöne Mädchen mit geschmeidigen Gliedern tanzten langsam aus dem Gebüsch hinter dem Felsen auf den großen Platz. An ihrer Spit-ze die Prinzessin, der Kopf der Schlange, hinter ihr Johanna, die schlan-ken Arme auf den Nacken der Prinzessin gelegt. Genauso wie das fol-gende Mädchen ihre Arme um sie geschlungen hatte und nach dieser ein jedes der Mädchen hinter ihnen.

Eng umschlungen bewegten sie sich, vereint im Tanz. Kleine Brüste, zit-ternd vor Erregung, den Schritten des Kopfes folgend, versunken im Taumel der Trommeln, schlängelten sie sich in Reihen durcheinander, so wie sie es gelernt hatten. Sie wurden gemeinsam zu einer Schlange, die sich zielbewußt durch Busch, Felsen und Staub bewegte, stets nach Feind und Beute Ausschau haltend.
Stundenlang tanzten sie. Ein aufwühlender, sich stetig steigernder Tanz, angeregt durch das Tempo der Musik, das Stampfen der Füße, die atemlose Stille der Männer. Die alten Frauen hatten längst aufgegeben, den Takt zu schlagen. Sie wußten, die Ahnengeister selbst bestimmten den Rhythmus, die Bewegungen der Schlange.
An diesem Tag hatte sie der junge Mpoma bemerkt. Johanna, die hin-ter seiner Halbschwester tanzte. Oh ja, das war ein wichtiger Tag gewe-sen!

Junge Frauen wie die »Ruhige« waren wahrscheinlich nie in einer Busch-schule gewesen, hatten keinen Schlangentanz mehr gelernt. Es war so vieles anders geworden. Der weiße Mann habe immer mehr das Sagen übernommen, hatte Mpoma ihr erklärt.
Nun sollte alles anders sein. Die jungen Frauen waren anders. Sie ar-beiteten zusammen, halfen Alten wie Johanna, sagten, man müsse die

142

Hütten säubern, vieles anders machen. Kein Essen herumstehen lassen, das würde die Fliegen verscheuchen. Sich immer die Hände waschen. Das sei alles sehr wichtig.

»Wir leben in einem neuen Südafrika«, erklärten sie. Und vor einigen Monaten hatten sie Johanna in einen Wagen gesetzt, sie zu einem Ort gefahren und ihr gesagt, daß sie das Recht habe, eine Partei zu wählen, die in ihrem Namen alles regeln werde. Welche wolle sie haben?
Noch nie hatte man Johanna nach ihrer Meinung gefragt. Sie hörte die Namen, die man ihr vorlas, kannte nur einen. Mpoma hatte ihn erwähnt, Nelson Mandela – »ein großer Führer«, hatte er mehrmals gesagt.
Johanna hatte ein Kreuz auf einen Zettel gemacht. Einige Wochen danach waren die Frauen wieder gekommen und hatten gesagt, sie solle ins Krankenhaus, dort werde man ihr helfen.
Nun saß sie im Rollstuhl in einem anderen Zimmer und spürte, wie an dem Verband hantiert wurde. »Frau Mpoma. Sie hatten kein Trachom.«
Es war die Stimme der »Ruhigen«. »Trachom ist eine schlimme Infektion, wir werden aber langsam mit ihr fertig. Die Frauen, die in den Dörfern auf Sauberkeit und bessere Nahrung achten, tun das Beste, was man dagegen tun kann. Aber Sie haben etwas anderes gehabt, verstehen Sie? Über Ihren Augen hatte sich eine Haut gebildet, das geschieht oft im Alter. Ich habe sie nun entfernt.«
Die »Ruhige« hatte die Haut entfernt! Dann war sie also Ärztin. Johanna war so erstaunt, daß sie kaum merkte, daß ihr der Verband abgenommen worden war. Sie blinzelte in das Halbdunkel des Raumes. Zum ersten Mal seit Jahren konnte sie Umrisse erkennen ... Sie wurden deutlicher: Sie streckte die Hand aus, um die Lehne des Stuhles zu berühren, blickte auf und sah ein strahlendes Lächeln in hellen, blauen Augen.
»Können Sie mich sehen?« fragte die »Ruhige«.
Johanna, überwältigt, nickte langsam. Ja, sie konnte sehen. Sie konnte sehen, mit ihren geheilten Augen, daß sie nicht mehr allein im Hof

würde hocken müssen. Daß sie wieder kochen und putzen können würde. Und sie konnte sehen, daß die »Ruhige« eine Weiße war.

Eine Weiße, die auf einer Farm geboren war. In einem Steinhaus auf einem *kopje*. Johanna hob den Kopf und wußte, daß sie ein neues Südafrika sehen konnte.

Nachwort

»Obgleich ich ihre Freundin bin seit 30 Jahren, kann ich ganz objektiv sagen, sie ist die menschlichste Frau, der ich je begegnet bin. Ihr Leben ist in ein Muster verwoben, das ganz besonders unser Jahrhundert prägt.« Das schreibt Nadine Gordimer, Nobelpreisträgerin, über Ruth Weiss.

Nun teilt sie gewiß meine Meinung, daß unser Jahrhundert inhuman begann und noch elender zu Ende geht. Wer dahinein als »menschlichste Frau verwoben« wird, muß schon einiges aushalten, unerschrocken sein und eine hellwache Intelligenz mitbringen. Nadine Gordimer stellt verwundert fest: »Wenn man diese bescheidene Frau sieht, die nie selbst Geld hatte und auch gar keines haben wollte, dann begreift man nur schwierig, warum sie in der angelsächsischen Welt als eine der führenden Finanz- und Wirtschaftsexpertinnen gilt«.

Die englische Briefträgerin, zu deren Gebiet die Belgrave Road in Ventnor an der Südküste der Isle of Wight gehört, sieht das so: »Eine sehr nette alte Dame, in Nummer 22, in dem großen Haus mit den vielen kleinen Wohnungen für Senioren. Immer freundlich. Wenn sie verreist ist, das ist sie oft, dann gebe ich die Post für sie bei dem alten Schiffsmaschinisten im ersten Stock ab. Aber welche Haufen, welche Berge! Zeitungen, Broschüren, Luftpost, Karten, Briefe aus der Schweiz, Deutschland, Holland, aus USA und Südafrika, aus Simbabwe, Sambia und Israel ... Wissen Sie, wo QwaQwa liegt?«

Ruth Weiss behauptet von sich, sie sei *retired*, habe sich zurückgezogen in den Ruhestand. Davon bin ich nun gar nicht überzeugt. 1994 bat ich sie um ein paar Tage für ein langes, ausführliches Fernsehgespräch über ihr Leben. Wir hatten im *ZDF* eine Stunde Sendung geplant – es wurden dann später zwei – und so etwas braucht seine Produktionszeit. Ich rechnete mit einer guten Woche für die Aufnahmen und wußte, sie kennt unser Handwerk und wird das ebenso sehen. Sie aber erklärte bereitwillig und fröhlich: »Das paßt Anfang Mai ausgezeichnet. Da bin ich drei Tage zu Hause und habe so richtig Ruhe für Euch. Aber danach muß ich früh morgens aufbrechen in die Schweiz, bin dann in Dortmund und Hamburg und möchte auf der Rückreise meinen Sohn in Jerusalem besuchen.«

Ich hatte gerade ihr eben in London und New York in der *British Academic Press* neu erschienenes Buch *Zimbabwe and the New Elite* durchgearbeitet, eine enorm kenntnisreiche und weit vorausschauende Analyse der afrikanischen Zukunftsprobleme, geschrieben in glänzendem Englisch. In dieser Sprache bewegt sie sich wie ein Fisch im Wasser, im oft sehr trüben und vergifteten: *money, wealth and corruption, economic constraints* und vor allem der Kampf der Elite mit den *dispossessed*, den Enteigneten, da kennt sie sich aus. Das durchleuchtet sie mit jenem präzisen, leidenschaftlich-nüchternen *common sense*, der in unserer Sprache und unserem Journalismus leider unnachahmlich ist und uns in den guten Momenten des *Guardian* und der *Financial Times* begegnet. Für beide hat Ruth Weiss geschrieben.

Ihr Deutsch bringt andere Saiten bei uns zum Mitschwingen. Es klingt suchend, bahnt ungewohnte Wege in ganz einfachen Worten, meidet alle Begrifflichkeit, sondern erzählt und findet dabei zu magischer Poesie und unvergeßlichen Bildern. Das liest sich wie eine Sprache aus der Kindheit, die durch weite Fernen und dunkle Welten mitgetragen wurde und nun behutsam neu entdeckt und ausgebreitet wird. So ist das auch. »Das Wandern war das Los, das wir auf unseren Weg mitbekamen«, schreibt Ruth Weiss in ihren Erinnerungen *Wege im harten Gras,* und mit der Emigrantin auf Lebenszeit wanderte – lange Zeit ungenutzt – ihre Sprache aus behüteter Kindheit in Nürnberg-Fürth. »Ich habe nicht mehr den festen Glauben meiner Kindheit; ich habe Zweifeln gelernt, ich habe gelernt, den Glauben wie den Aberglauben anderer zu achten. Aber durch diese Kindheit, verbunden mit dem Geruch der Kerzen, die meine Großmutter am Freitagabend anzündete, dem Duft der frischgebackenen Berches, des geflochtenen Brotes für den Sabbat, der Erinnerung an den leeren Platz an der Tafel des Passah-Festes – durch diese Kindheit weiß ich, daß ich eine Jüdin bin. Es hat etwas zu tun mit Wärme und Liebe, mit Geborgenheit und Tradition. Deswegen kann ich die Völker der Dritten Welt verstehen, die sich von ihren Wurzeln trennen müssen und neue Gesellschaftsstrukturen entwickeln und verstehen müssen, die aber in der traditionellen Gesellschaft sich ihres Platzes und ihrer Rolle sicher waren.«

Die friedvolle Welt der Kindheit brach 1933 jäh zusammen. Ruth Weiss war sieben Jahre alt. Ich entnehme Erinnerungsfetzen des kleinen Mädchens dem Wortprotokoll der Fernsehsendungen, Sprechsprache also, die kindliches Staunen und das Entsetzen der Erzählerin 61 Jahre danach heraufholt. »Meine Schwester ist eineinhalb Jahre älter als ich, und wir wohnten etwas außerhalb von Nürnberg, mein Vater war in der Spielwarenbranche, und nach vier Jahren in der Dorfschule mußte sie dann nach Fürth und wohnte während der Woche bei meinen Großeltern um die Ecke von der isrealitischen Realschule. Und am Freitagnachmittag kam sie dann sofort nach der Schule mit dem Zug nach Hause ins Dorf. Meine Schwester war sehr hübsch, und das haben die Dorfjungens auch gemerkt, … sie war immer umringt von einer Schar, die trugen ihr die Koffer und machten ihr den Hof. Und einmal … haben sie eben nicht auf sie gewartet, um ihren Koffer zu tragen, sondern, es waren dieselben Jungen, und ich weiß, einer, der war mit ihr sehr, also er war von ihr angetan, der Sohn unseres Lehrers, und der war auch dabei. Sie haben ihr zuerst nur Schimpfworte an den Kopf geschleudert, und dann haben sie angefangen, eben auch etwas mehr zu schleudern, und da im Dorf ja immer sehr viel Mist rumliegt, kam sie also endlich voll davon nach Hause und stank wie die Pest. Wir haben den ganzen Abend nur gesessen und versucht, ihr die hübschen Haare mit Seife zu säubern. Aber diesen Gestank, diesen Mist, den rieche ich heute noch … Mein Vater hatte im Ersten Weltkrieg für Kaiser und Reich gekämpft, wurde für ihn auch verwundet. Er bekam das Eiserne Kreuz zweiter Klasse. Mein Vater fühlte sich als ein Deutscher, ein Deutscher jüdischen Glaubens … Also das mit den Käfigen, das war furchtbar. Das war in Fürth, in der Wohnung meiner Großeltern. Wir hörten also dieses Geschrei, und ich ging ans Fenster, wir gingen alle ans Fenster, und da trug man Menschen in Käfigen vorbei, und man hat ihnen Masken aufgesetzt, richtig groteske Teufelsmasken, und das waren Juden. Die hatte man irgendwie aufgegabelt. Die waren alle ziemlich zerschlagen. Das war ein furchtbarer Schock. Und dann begegnete mir Julius Streicher. Ich bin nach Nürnberg gefahren, wir hatten dort Verwandte. Ich hatte meine Tante besucht, und als ich aus dem Haus kam und in die Straßenbahn wollte, um die Ecke ging, da stand der plötzlich da, und das war ein Schock, nicht? Ich meine, ich kannte ja seine Zeitung, den *Stürmer*, welcher Jude kannte den *Stürmer* nicht, und nun steht dieser Mann vor mir. Ja, und da habe ich mich so schnell wie möglich in eine Seitengasse verdrückt. Er war in Uniform. Er hatte eine Peitsche in der Hand, und was ich noch später in Erinnerung hatte, ist, daß er eigentlich meinen Verwandten gar nicht so unähnlich sah.«

Als die elfjährige Ruth mit ihrer Familie im allerletzten Augenblick auf dem Frachtschiff *Tanganika* nach Südafrika entkam, schmökerte sie sich in der Bordbibliothek durch alle Bücher über den Burenführer Ohm Krüger, schwärmte für ihn, den weißen Patriarchen, und wartete begeistert auf das herrliche neue Land. Aber an der Hafenmole grölten Horden von Grauhemden: »Juden raus!« Verwoord, bald darauf Premierminister, war der geistige Vater dieses Herrenmenschenwahns. Die real existierende Apartheid lernten Ruth und ihre Schwester kennen, als vier fromme und strenge Damen in der kaum eingerichteten Wohnung erschienen, »gute Nachbarinnen mit dem Begrüßungskuchen«. Sie ermahnten die beiden Mädchen mit scharfem Nachdruck. Das neue schwarze Dienstmädchen hatte ihr Baby mitgebracht, in einem Tuch auf den Rücken geknüpft und damit hatten sie gespielt, es sogar angefaßt. Das war gesehen worden!

Das eingeschüchterte jüdische Emigrantenmädchen machte in der fremden Welt eine verblüffende Karriere. Aus der kleinen Buchverkäuferin wurde die Generalmanagerin einer großen Versicherung, die Wirtschaftsjournalistin und ständige Mitarbeiterin renommierter Agenturen, Zeitungen und Sender, und schließlich die Beraterin, Freundin und entschiedene Kritikerin mehrerer Guerrillaführer und Präsidenten. Das war keineswegs ein steiler, bruchloser Aufstieg, sondern eher eine Kette von Abstürzen, Fluchten und neuen Aufbrüchen. Die Jüdin Ruth Weiss, geborene Loewenthal war wohl immer auf der Suche nach einem himmlischen Jerusalem. Diese Hoffnung gehört zum Geruch der Kerzen und den alten Erzählungen bei der Feier des Passah. Nun sieht die Wirklichkeit leider ganz anders aus, traurig, komisch, ent-täuschend, wie in der Titelgeschichte dieses Buches …

Ich habe die hier veröffentlichten Geschichten vor drei Jahren kennengelernt und dabei ein wenig den ungewöhnlichen Arbeitsstil einer Autorin, die zurückgezogen im Ruhestand lebt, *retired*. Am Vortag der Fernsehaufnahmen war ich von Frankfurt über London, Portsmouth, Ryde on Isle nach Ventnor gereist. Ruth Weiss begrüßte mich fröhlich und schaffensdurstig. Sie hatte Dokumente und Fotos sortiert und wollte mir viele Geschichten mitteilen, die sie noch nicht veröffentlicht hatte. Aber erst sollten wir uns, solange das Inselwetter sich gut hielt, Drehorte draußen ansehen. Wir wanderten auf Klippen, hoch über dem Kanal, prüften den Geräuschpegel des Windes an Wasserfällen und in Buchten, überlegten Kameraeinstellungen auf einem alten normannischen Friedhof, und dann erschien unser Aufnahmeteam und baute ihre kleine Wohnung fernsehgerecht um: Das Sofa an die gegenüberliegende Zimmerwand, Möbel auf den Flur, Kabel gezogen, Lampen installiert und die Fenster gegen Sonneneinstrahlung mit Folie verklebt.

Ruth Weiss genoß diese Auflösung ihrer vertrauten Welt mit professioneller Neugier – Umzüge war sie gewohnt –, versorgte alle mit Tee und kam, als wir uns um Mitternacht wieder zu zweit Plätze suchten, auf die Dinge zurück, die ich bis zu Beginn der Dreharbeiten um acht, am Morgen, unbedingt hören und bedenken müßte. Nicht sie, sondern ich schlaffte nach einer Weile etwas ab, sie merkte das als wache Beobachterin und tröstete mich: Da wären ja noch ein paar Stunden zum Ausruhen. »Sehr knapp fünf«, dachte ich. Sie holte zum Abschied in die restliche Nacht einen Packen Papiere aus einer Schublade, Geschichten, die neu wären, noch ungelesen. Ich sollte sie doch bitte genau durchsehen und rückhaltlos sagen, was ich von diesen Versuchen hielte. Sie sei morgens schon immer um halb sechs auf und hätte dann eine Tasse Kaffee für mich heiß. Ich las im Hotel, zuerst gehorsam, dann immer gebannter. Bei *Tsitsi* ertappte ich mich, daß ich Kürzungen, Kameraeinstellungen und Schnitte eintrug, um diese Geschichte einer schwarzen Journalistin in unsere Sendungen aufzunehmen. Durch eine solche Erzählung können wir vielleicht ahnen, welche Aufgabe der schwarze Bischof und Nobelpreisträger Desmond Tutu mit der Leitung einer Kommission für Gerechtigkeit und Versöhnung auf sich geladen hat.

Die emotionalen, poetisch verdichteten Geschichten lassen manches erkennen und verstehen, was begrifflich nicht faßbar ist, auch Ruth Weiss selbst und ihre Antriebe.

Da besucht die erzählende Journalistin mit ihrem Fernsehteam in *Abeokuta* eine wohlhabende und traditionsreiche Stadt im Yorubaland. Dort soll, nach langer Vakanz, der Herrscherstuhl neu besetzt werden, die Königsmacherin hat einen geeigneten Mann gefunden, den der *Voodoo*-Priester in Verwahrung genommen und auf die Inthronisierung vorbereitet hat. Ich halte die Handlung dieser Geschichte nicht für eine fantastische Erfindung. Ruth Weiss beschreibt protokollarisch erlebte Wirklichkeit. Szenarium und Personal des Schlüsselerlebnisses kennen wir. Dazu brauchen wir keine alten Märchenbücher. Tageszeitungen und Bildschirme bieten es uns reichlich: Verwirrte und vergiftete Herrscher, tobende Volksmassen bis die Tribünen einstürzen, Giftküchen, bei uns Laboratorien oder Schaltzentralen genannt, *Voodoo*-Priester im dunklen Anzug der Bankanalysten oder Präsidentenberater. Der von europäischen Banken und Politikern gestützte »Kaiser« Bokassa aß gern die Leber untreuer Leibwächter und dunkle Flecken der Opfer erhöhen den Unterhaltungswert unserer TV-Programme.

Uns sollte interessieren, wie diese Journalistin sich in dieser Welt verhält, immer wieder verhalten muß. In den biographischen Fernsehgesprächen berichtete sie von einem Fest der vornehmen Gesellschaft von Salisbury, der Hauptstadt der reichen Kolonie Rhodesien, zu dem sie als Tischdame eingeladen war. Dabei hörte sie ein brisantes Gespräch mit. Sie mußte es nicht einmal belauschen, denn es wurde polternd laut geführt, obgleich es um einen unglaublichen, hochkriminellen Sachverhalt ging: Die UN hatte strenge Handelssanktionen gegen das Land wegen seines unerträglichen Rassismus verhängt. Aber die wurden nicht nur umgangen, sondern mächtige Wirtschaftsbosse schlugen sogar riesigen Gewinn aus einem weltweiten Warenschwindel und prahlten damit ungeniert. Ruth Weiss wollte der Sache um jeden Preis auf den Grund gehen, die Wirtschaftsverbrechen ans Licht bringen, publik machen. Eine vergleichbar waghalsige Entschlossenheit wird in *Abeokuta* beschrieben: »Und nun, bekleidet mit einem leichten Rock und hochhackigen Schuhen, mußte ich in diesen Abgrund hinabsteigen. Ich mußte da runter. Irgendwie.«

»Irgendwie« hieß in diesem Fall, sie durchsuchte, mit einer Taschenlampe bewaffnet, nachts Lagerhallen, Speicher und Büros. Spätestens als ihre Artikel und Radiosendungen weltweit für Aufsehen sorgten, mußte sie um ihr Leben fürchten. Die südafrikanischen Geheimdienste zögerten nicht, ihre Opfer aus Fenstern hoher Stockwerke auf das Pflaster zu werfen. Ruth Weiss hat das später bei Freunden in London aus der Nähe erlebt.

Sie kam davon, mußte aber schleunigst das Land verlassen.

Wie in *Abeokuta* folgte manchem Triumph in Ruth Weiss' Leben die Niederlage.

Für mich ist das eindrucksvollste Beispiel die Wahl Mugabes zum Premierminister von Simbabwe am 4. März 1980 mit ihrem Jubel, ihrer Enttäuschung und ihren Konsequenzen. Zur Erinnerung: Bis zu diesem Wahltag war Simbabwe unter britischer Herrschaft gewesen und hatte Rhodesien geheißen. Die weißen Kolonialherren und Wirtschaftsbosse hatten sich den Wahlausgang als ganz sicher vorgestellt: Haushoch siegen würde ihre »Marionette«, ein kleiner schwarzer Methodistenbischof und ehrgeiziger Politiker. Für Mugabes Befreiungsbewegung würden vielleicht auch ein paar Sitze im Parlament abfallen, aber das würde für die Geld- und Machthaber völlig unschädlich sein. Ruth Weiss beobachtete die Ereignisse als Korrespondentin der *Deutschen Welle*.

In unserem Fernsehgespräch erinnerte sie sich: »Ich wohnte bei Catherine, … sie war eine Freundin aus meiner Zeit in Rhodesien, und sie hatte die Einstellung, typisch für alle weißen Rhodesier, der schwarze Mugabe ist der Teufel, der Antichrist. Sie ist eine sehr gläubige Person. Sie sagte, man sieht im Fernsehen geradezu, wie falsch er lächelt, ja und seine Augen, die flackerten immer so … Am Tag vor der Wahlauszählung sagte sie zu mir: ›Das ist doch ganz klar, der Bischof gewinnt. Ich werde morgen meinen Hausangestellten, den Boy, (50 Jahre alt, vielleicht sogar noch etwas älter, er war sehr lange bei ihr und hieß Timothey,) zu der Wahlurne fahren, und er wird selbstverständlich den Bischof wählen, hat er im vorigen Jahr auch gewählt.‹ Na gut, also, wenn sie das glaubte, ich habe nicht widersprochen. Und dann kam der Tag der Wahlzählung, ich saß im Pressezentrum. Ich weiß nicht, die anderen Journalisten waren unterwegs, und ich saß zufällig da, wirklich ein Zufall, man muß nur eben am richtigen Platz zur richtigen Zeit sein. Inzwischen hatte die Zählung begonnen, und es war ganz klar, von 80 Sitzen kamen 57 auf Mugabe und nur drei auf den Bischof. Ich habe dann sofort gesendet, damals für die *Deutsche Welle* und die *BBC*. Das war dann bekannt, weltweit, bevor das offiziell wurde. Auch Catherine mußte der BBC glauben, ... sie stand unter Schock. Sie hat kaum guten Morgen gesagt, sie hat ihre Kinder genommen, weil jetzt der Teufel dran war und ging weg.

Und ich dachte, ›jetzt muß ich aber mal mit Timothey sprechen.‹ Ich ging in die Küche, um mir eine Tasse Tee zu holen, und dann sagte ich: ›Na?‹ Da sagte er: ›Madame!‹ Und er hat richtig mit mir getanzt. Er war so glücklich, und er hat gesagt, ›Es ist der schönste Tag meines Lebens.‹ Er – Mugabe! Und dann sagte ich: ›Und wie ist das mit dem Bischof?‹ ›Der Bischof ist kein Mann Gottes. Der Bischof ist ein Mann des Teufels.‹

Dann erzählte er mir, an einem Weihnachtsfeiertag ist er nach Hause gefahren, also in die ländlichen Gebiete. Das ist ja so üblich gewesen. Die Männer arbeiteten in den weißen Haushalten und kamen manchmal ein Jahr lang nicht nach Hause, Frauen und Kinder mußten sie zurücklassen. Er kam also in sein Dorf, und in der Nacht klopfte es. Seine Frau stand auf, und er ging an die Tür. Drei junge Männer begrüßten ihn sehr höflich, und während er sich noch fragte, ›Wer ist das, was wollen die?‹ war die Frau hinten im Zimmer schon beschäftigt, das Wasser aufzusetzen, die wußte, das sind *vakumanas*, unsere Jungen, das waren Guerrillas, die wollen was zu essen. Am nächsten Morgen kamen die Dorfbewohner zu ihm und bezeugten ihre Freude, daß er beehrt worden ist, weil sie zu ihm gekommen sind. Am nächsten Tag kamen dann die Weißen, die Polizisten, die Armee, und sie holten vier Frauen aus dem Dorf. Die wollten natürlich wissen, wo die hingegangen sind, ob da nun wirklich Guerrillas in dieser Gegend waren. Und unter diesen Frauen, sagte er, war die Tochter von einem seiner Brüder. Ja, und dann später hat man gesagt: Ihr könnt sie holen! Da waren die aber nicht mehr am Leben, und nicht nur, daß sie nicht mehr am Leben waren, sie waren offensichtlich ganz grausam gefoltert worden, Und da sagte Timothey: ›Siehst Du, das war zur Zeit des Bischofs, als er Premierminister war. Das ist ein Mann des Teufels.‹ Ja, und da mußte ich mir überlegen: ›Was ist mit Catherine? Ein Mann, der 20 Jahre bei ihr lebt, und sie weiß nicht, was er denkt.‹ – Er war ja auch nur ihr Boy. Aber sie war überzeugt, daß sie weiß, wie er denkt. Das war das Problem.

Am selben Abend hat Mugabe als designierter Premierminister seine Ansprache an die Nation gehalten, und da hat er zum erstenmal gesagt, wir müßten uns die Hand geben, wir müssen die Hand der Versöhnung ausstrecken, und dann hat er aus der Bibel zitiert: aus Schwertern den Pflug, und jeder, der überhaupt sehen konnte, saß vor dem Bildschirm und guckte zu, auch meine Catherine. Sie strahlte mich an und sagte: ›Das ist aber ein kluger Mann, und er hat so interessante gute Augen, und ein Christ ist er auch.‹«

Ein Wunder war geschehen. Nach den entsetzlichen Opfern des langen Bürgerkrieges hieß das neue, elektrisierende Zauberwort *reconciliation*, also Freundschaft, Harmonie, Versöhnung mit Pflugscharen statt Schwertern. Alles war in einem ekstatischen Glückstaumel, das himmlische Jerusalem war greifbar nahe mit Mugabe und seiner Frau Sally als leuchtenden Passah-Kerzen. Auch Ruth Weiss war überwältigt: »Phantastischer Tag! Simbabwe könnte meine Heimat werden.« Und gerührt hörte sie die Freunde in Harare sagen: »Komm heim, Ruth Weiss!« Um so tiefer war dann die Enttäuschung, der harte Aufprall nach neuem Absturz: »In Simbabwe gab es keine *reconciliation*, keine Versöhnung zwischen Weiß und Schwarz, sondern zwischen den Weißen und einem kleinen Teil der Schwarzen: der Elite.« Sally Mugabe wurde bald zur Symbolfigur der korrumpierten neuen schwarz-weißen Mittelschicht. »Das Problem blieb, in Simbabwe wie anderswo: 95 % der Bevölkerung wußten, wie die übrigen 5 % lebten und waren verbittert, weil sie an deren Lebensstil keinen Teil hatten.«

Das »Muster, das unser Jahrhundert prägt« (Nadine Gordimer) hatte sich keineswegs verändert, sondern sich nur ein wenig um die eigene Achse gedreht: Nicht mehr Weiß kontrastierte mit Schwarz, sondern Elite mit Masse, die wenigen da oben mit den vielen da unten. Der Apartheidswahn der Herrenmenschen war geblieben. Selbstverständlich bekamen das die Frauen am härtesten zu spüren. Im Kampf hatten sie hohe Opfer gebracht, die Anerkennung der Männer mühsam errungen – die Geschichte *Flint* beschreibt das –, jetzt kehrten sie heim an die Wasserstellen zum Wäschewaschen. Wehrhafte, selbstbewußte Partnerinnen waren nicht mehr erwünscht. Ruth Weiss erinnert sich: »Vor allem die alten Frauen, die mochten das gar nicht, und dann haben sie auch keine Männer bekommen, denn die wollten demütige kleine Frauen wie gewohnt. Aber damals, als sie in den Kampf gingen, waren sie ja junge Mädchen, die gar nicht gelernt hatten, auf den Knien zu rutschen und ihre Männer zu bedienen oder die alten Herrschaften nur von unten so mit gesenktem Blick zu sehen. Das wurden in der Kriegssituation Frauen, die sagten: ›Wir sind den Männern gleichgestellt.‹« Das ist vorbei. Statt *reconciliation* neue Apartheid, goldglänzend, aber mit dunklen Flecken wie auf den Feldwänden von *Abeokuta*. Ruth Weiss schließt ihre Geschichte: »Kultur hat viele Gesichter. Damit hatte ich mich abzufinden.« Im Fernsehgespräch formuliert sie politisch und herausfordernd: » Ich glaube, Frieden und Gerechtigkeit in unserer Welt kann nur dann kommen, wenn wir im Norden verstehen, daß wir unseren Materialismus abbauen müssen, daß wir aufhören müssen, die Welt aufzuteilen in Produzenten und Konsumenten gegen Leute, die weder produzieren noch konsumieren und an den Rand gedrängt leben. Wir müssen uns bescheidener verhalten, damit wir leben können und die anderen auch leben können. Das ist die Toleranz, die wir finden müssen. Für mich ist Toleranz die Antwort darauf, ob Gerechtigkeit und Frieden möglich werden.«

Heiner Michel

Biographische Notiz

Ruth Weiss wurde 1924 als Ruth Loewenthal in Fürth geboren. Ihr Vater arbeitete in der Spielwarenbranche, zuerst in Fürth, dann – 1927 bis 1930 – in Hamburg, anschließend in Nürnberg. 1933 emigrierte er nach Südafrika. Seine Frau und die beiden Töchter folgten ihm 1936 nach Johannesburg, wo er ein kleines Geschäft führte.

Nach dem Schulabschluß 1940 arbeitete Ruth Loewenthal zwei Jahre in einem Rechtsanwaltsbüro, ehe sie vier Jahre lang in der Buchhandlung ihres späteren Mannes, Hans Leopold Weiss, beschäftigt war. Ab 1948 bis 1959 arbeitete sie als Managerin in einer Versicherungsgesellschaft, mit einer zweijährigen Unterbrechung in London, wo sie für einen Verlag tätig war. Nachdem H. L. Weiss seine journalistische Tätigkeit für deutsche Medien im Lauf der 50er Jahre wieder aufgenommen hatte, arbeitete sie als seine Assistentin und unternahm dadurch ihre ersten Dienstreisen durch Schwarzafrika. 1960 stieg sie selbst in den journalistischen Beruf ein, wurde Wirtschaftsredakteurin beim *Newscheck* in Johannesburg und anschließend Redakteurin bei der *Financial Mail*. 1966 bis 1968 war sie Büroleiterin dieser Zeitschrift in Salisbury im damaligen Südrhodesien (dem heutigen Simbabwe). Sie wurde jedoch von der Smith-Regierung zur Persona non grata erklärt, und ging, um der Deportation nach Südafrika zu entgehen, wiederum nach London. Dort war sie als Redakteurin beim *Guardian*, anschließend beim *Investor's Chronicle* angestellt. 1971 ging sie nach Sambia als Wirtschaftsredakteurin der *Times of Sambia* und arbeitete gleichzeitig als Korrespondentin der Londoner *Financial Times* in Lusaka.

Von 1974 bis 1978 lebten Frau Weiss und ihr 1965 geborener Sohn in Köln, dort war sie Chefin vom Dienst der Afrika-Redaktion der *Deutschen Welle*. Es folgten vier Jahre als freie Journalistin in London. 1979/80 begleitete sie den Weg Simbabwes in die Unabhängigkeit und organisierte erste Medienseminare für das dortige Informationsministerium. 1982 zog sie mit ihrem Sohn nach Simbabwe. In Harare, wie Salisbury nun hieß, wurde sie zur Ausbilderin von Wirtschaftsjournalisten. 1986 war sie Mitbegründerin des *South African Economist*, 1989 half sie beim Aufbau des *Zimbabwe Institute for Southern Africa* für den *Cold Comfort Farm Trust*. In diesen und den folgenden Jahren erschienen von ihr mehrere Bücher und Filme über das südliche Afrika.

Nach der Freilassung Nelson Mandelas im Jahre 1990 reiste sie zum ersten Mal wieder nach Südafrika; ihr Einreiseverbot wurde allerdings offiziell erst 1992 aufgehoben. Seither besuchte sie das Land mehrmals, z. B. 1992 als Monitorin des Weltkirchenrates, und berichtete in zahlreichen Artikeln über die aktuellen Entwicklungen.

Anläßlich der Parlamentseröffnung am 1. August 1994 war Ruth Weiss einige Wochen in Kapstadt und Johannesburg, wo sie zahlreiche Parlamentarier und andere Persönlichkeiten des öffentlichen Lebens traf und das ehemalige Homeland QwaQwa, die Townships Mitchells Plain, Nyanga, Crossroads und Soweto besuchte. Frau Weiss schrieb über zentrale Themen des neuen Südafrika, wie z.B. das *Reconstruction and Development Programme*, die Überlebenschancen des *Government of national Unity* und über die Entwicklungsperspektiven der kommenden Jahre, besonders mit Blick auf die entscheidenden Wahlen im Jahr 1999.

Seit 1992 lebt Ruth Weiss, weiterhin tätig als Autorin und freie Journalistin, auf der Isle of Wight, England.

Im Mai 1994 erschien ihre Biographie *Wege im harten Gras* im Peter Hammer Verlag.

Das ZDF sendete am 30.11. und 7.12.1994 zwei Folgen der Reihe »Zeugen des Jahrhunderts« über Frau Weiss.

Freie journalistische Arbeit für:

African Contemporary Record, African Business, Africa Now, Southscan, Afrika, Vorwärts, Sonntagsblatt, taz, Evangelischer Pressedienst, WOZ-Wochenzeitung Zürich, Deutsche Welle, BBC-Africa Focus, NDR, WDR, Südwestfunk, Hessischer Rundfunk, Radio Bremen, Swiss Radio, Österreichischer Rundfunk, Zambia TV.

Veröffentlichungen (Auswahl):
South Africa: The Economic Factor, London 1970
Sydafrika, Stockholm 1977
Strategic Highways (zus. mit Guy Arnold), London 1977
Frauen gegen Apartheid, Reinbek bei Hamburg 1980
Ein Lied ohne Musik, Gelnhausen 1981
Frauen von Zimbabwe, München 1983
Afrika den Europäern (zus. mit Hans Mayer), Wuppertal 1984
Wir sind alle Südafrikaner, Hamburg 1986
Women of Zimbabwe, London und Harare 1986
Economic Writing, Harare 1987
Mandelas zornige Erben (zus. mit Hannelore Oesterle), Wuppertal 1987
Die Saat geht auf, Wuppertal 1987
Feresia (mit Fotos v. Graham de Smidt), Wuppertal 1988
Menschen werfen Schatten, Wuppertal 1989
Zimbabwe and the New Elite, London 1993
Wege im harten Gras, Wuppertal 1994
Sascha und die neun alten Männer, Wuppertal 1997

ANGOLA

TANSANIA

SAMBIA

MALAWI

NAMIBIA

SIMBABWE

BOTSWANA

MOSAMBIK

SWASILAND

LESOTHO

SÜDAFRIKA

Zur Entwicklung des südlichen Afrikas

Eine Folge der Kolonialzeit war die Aufteilung des Gebietes südlich des Kongo Flußes in zehn Länder:

- die Union (heute Republik) von Südafrika;
- Deutsch Südwest, ab 1918 Mandatsgebiet Südwest verwaltet von Südafrika, heute Namibia;
- die drei »Hochkomissargebiete« unter Schutz von Großbritannien, Betschunaland (heute Botswana), Basutoland (heute Lesotho) und Swasiland;
- die Britische Protektorate Njassaland, Nordrhodesien und die britische Kronkolonie Südrhodesien, zwischen 1952–1962 zusammengefügt zur Zentralafrikanischen Föderation, heute Malawi, Sambia, Simbabwe;
- die zwei portugiesischen Gebiete Angola und Mosambik.

Als ab Anfang der 60er Jahre überall in Afrika Kolonien ihre Unabhängigkeit erlangten, wurden auch die Hochkommissargebiete im südlichen Afrika unabhängig. Die von den weißen Siedlerinteressen dominierte Zentralafrikanische Föderation zerbrach schließlich am Widerstand afrikanischer Nationalisten aus Nordrhodesien (Sambia) und Njassaland (Malawi), denen dann 1964 die Unabhängigkeit gewährt wurde. Großbritannien knüpfte die nun gleichfalls geforderte Unabhängigkeit Südrhodesiens an die Bedingung die Rassendiskriminierung abzuschaffen und die Machtübergabe an eine schwarze Mehrheitsregierung einzuleiten. Ian Smith, Führer der rechtsradikal-rassistischen *Rhodesian Front*, erklärte 1965 – gestützt auf eine breite weiße Mehrheit – völkerrechtlich illegal die Unabhängigkeit.
Erst 1979 zwang der seit den 70er Jahren geführte Guerillakrieg das weiße Minderheitsregime in Rhodesien zur Machtaufgabe, so daß 1980 aus der ehemaligen Kronkolonie die Republik Simbabwe wurde.

Trotz der allgemeinen Entkolonialisierung der 60er Jahre behielt Portugal seine Kolonien Angola und Mosambik. Südafrika »verwaltete« trotz einer UN-Resolution Namibia und verankerte auch dort die 1948 in Südafrika eingeführte »Apartheid«. Dieses System schrieb die bereits bestehende Rassentrennung gesetzlich fest. Scharfe Sicherheitsgesetze unterdrückten die Opposition gegen die Apartheid.

In fünf Ländern des südlichen Afrika führte die oben skizzierte Situation zu bewaffneten Konflikten: Angola (Befreiungsbewegungen MPLA, FNLA, UNITA), Mosambik (Befreiungsbewegung FRELIMO), Namibia(Befreiungsbewegung SWAPO), Rhodesien (Befreiungsbewegungen ZANU, ZAPU), Südafrika (Befreiungsbewegungen ANC und die ANC-Abspaltung PAC).

Da die Sowjetunion einige der Befreiungsbewegungen unterstützte, wurde das südliche Afrika in die Konfliktlinien des Kalten Krieges mit einbezogen. Südafrika, Rhodesien und die Kolonialmacht Portugal erfreuten sich der Unterstützung des Westens. Durch die »Nelkenrevolution« 1974 in Portugal wurden 1975 Angola und Mosambik (letzteres unter der ehemaligen Befreiungsbewegung FRELIMO) unabhängig. Im selben Jahr brach in Angola ein Konflikt aus zwischen der von Kuba und der Sowjetunion unterstützten ehemaligen Befreiungsbewegung MPLA, die ab November 1975 die Regierung bildete, und zwei anderen Gruppen, UNITA und FNLA, die von Südafrika und den USA unterstützt wurden.

In den 80er Jahren führte Südafrika einen offiziell nicht erklärten Krieg gegen seine Nachbarn, um die von deren Territorien operierenden Kämpfer des ANC daran zu hindern, nach Südafrika einzudringen. Die gesamte Region wurde destabilisiert. Die Unterstützung der angolanischen UNITA durch Südafrika und die USA ließ den grausamen Bürgerkrieg bis 1992 andauern, in Mosambik zerstörte die von Südafrika eingesetzte RENAMO die Infrastruktur des Landes und terrorisierte die Bevölkerung. Noch heute leidet die gesamte Region an den Folgen der Destabilisierungsstrategie Südafrikas, Hunderttausende verloren ihr Leben, wurden verletzt, enteignet oder mußten fliehen; in der ganzen Region wurde die Infrastruktur zerstört und die Entwicklungsmöglichkeiten blockiert.

Erst nach Ende des Kalten Krieges konnten die Konflikte gelöst werden. Im Jahr 1989 zogen südafrikanische und kubanische Truppen aus Angola ab; 1990 wurde Namibia unabhängig. 1992 konnte zwischen der FRELIMO-Regierung in Mosambik und der RENAMO Frieden geschlossen und eine demokratische Verfassung eingeführt werden. Im selben Jahr wurden ebenfalls demokratische Wahlen in Angola unter UN-Aufsicht abgehalten. Die UNITA weigerte sich, das Ergebnis zu akzeptieren; jedoch Mitte 1997 entschloß sich UNITA-Führer Savimbi, innerhalb neuer Strukturen zu arbeiten.

In Südafrika bahnte sich seit Mitte der 80er Jahre das Ende der Apartheid durch die Aufstände in den schwarzen Ghettos an. 1989 übernahm ein neuer Präsident, F.W. de Klerk, die Führung der Nationalen Partei (NP, die ab 1948 die Regierung gebildet und die gesetzliche Apartheid eingeführt hatte). Im Februar 1990 legalisierte de Klerk die verbotenen politischen Parteien, entließ Nelson Mandela aus dem Gefängnis und zog die noch bestehenden Apartheid-Gesetze zurück. Die ANC-Führer aus dem Exil kehrten zurück, ab März 1990 begannen Gespräche zwischen der NP und dem ANC, die zu Verfassungsverhandlungen und 1993 einer neuen Verfassung, 1994 zu den ersten demokratischen Wahlen und der Präsidentschaft Mandelas führten.

Rechtsextreme innerhalb der Sicherheitskräfte, bezeichnet als »die Dritte Kraft«, schürten den Konflikt zwischen der Zulu-Partei INKATHA und dem ANC und versuchten durch zahlreiche Destabilisierungsmanöver die Verfassungsverhandlungen zu sabotieren, was weitere hunderttausende Opfer, vor allem in KwaZulu-Natal forderte. Im Jahr 1996 begann eine Wahrheits- und Versöhnungskommission, die Greueltaten der Apartheids-Ära aufzudecken. Ein Jahr später begann auch die Konfliktlösung zwischen der IFP und dem ANC.

Zeitpunkte der Kurzgeschichten

Erläuterungen einiger Begriffe

ANC

African National Congress, 1912 gegründet als afrikanische nationalistische Partei, ab 1960 verboten.

Bure

[niederländisch »Bauer«].

Im 17.–18. wanderten holländische Siedler ins Kapland ein, mit ihnen vermischten sich Niederdeutsche und Franzosen (Hugenotten).

Unzufrieden mit der britischen Herrschaft (seit 1806), zogen einige ihrer Nachkommen im »Großen Treck« 1835–38 in das nördliche Hinterland, wo sie die Staaten Natal, Oranje-Freistaat und Transvaal gründeten. 1843 wurde Natal von Großbritannien annektiert und 1856 zur separaten Kronkolonie erklärt.

Die Entdeckung der Diamanten- (1871) und Goldvorkommen (1884) forcierte das ökonomische Interesse an Südafrika und führte zu starken Einwanderungen aus Europa.

Der Anglo-Buren-Krieg wurde ausgelöst durch die Gier der Briten, verkörpert durch den britischen Imperialisten und Premierminister des Kaps, Cecil John Rhodes, der gegen die Buren intrigierte. Der ab 1899 mit großer Brutalität geführte Krieg forcierte die Entwicklung des Burentums.

Nach Friedensschluß (1902) wurden auch die Burenrepubliken Transvaal und Oranje-Freistaat zu britischen Kronkolonien. 1910 kam es zur Gründung der Südafrikanischen Union mit den vier Teilgebieten Kapprovinz, Transvaal, Oranje-Freistaat und Natal. Damit war erstmals ein de facto unabhängiger südafrikanischer Staat entstanden, der – unter zunächst noch vom britischen Denken beeinflußter Führung – auf Versöhnung zwischen Buren und Briten beruhte, während die nicht-weiße Mehrheit vom politischen Leben praktische ausgeschlossen blieb. Die etwa 1.570.000 Buren bilden 54% der weißen Bevölkerung Südafrikas.

Inkatha Freedom Party (IFP)	Nationalistische Zulu-Partei. Regierungspartei in KwaZulu/Natal. Opponierte zuerst gewalttätig gegen COSATU (Congress of S. A. Trade Unions), später gegen ANC und United Democratic Front.
kopje	Hügel
kwela	Afrikanischer Tanz, Mischung traditioneller Musik mit Jazz.
locations	Ansiedlungen, erste offizielle Bezeichnung der Townships
NP	1914 wurde die »Nasionale Party« gegründet, die für eine eigenständige kulturelle und ökonomische Entwicklung des Burentums eintrat. Von 1948 an

bis zu den ersten freien Wahlen 1994
bildete die NP die Regierungspartei
Südafrikas.

SCHRIFTENREIHE PROBLEME DES FRIEDENS

**Aufbruch
im Herzen Afrikas?**

Kongo (Zaire),
Ruanda und Burundi

KOMZI
verlag

Nach über dreißig Jahren brach in Zaire, einem der größten Länder Afrikas, die Mobutu-Diktatur zusammen. In den vergangenen Jahren diente dieses Land von der Größe Westeuropas der Clique um Mobutu als Selbstbedienungsladen. Der Diktator – bis in die 90er Jahre vom Westen gestützt – wurde so zu einem der reichsten Männer der Welt. Entwicklung ist für das einstige Zaire ein Fremdwort geblieben: Es gibt faktisch keine funktionierenden staatlichen Strukturen, kein Gesundheits- und kein Schulwesen, kein funktionierendes Rechtssystem usw.

Der Lebensstandard der Bevölkerung ist nicht höher als zur Kolonialzeit.

Auch in den kleinen, im Osten an Zaire angrenzenden Staaten Ruanda und Burundi erinnerten die blutigen Kämpfe der Vergangenheit zwischen Hutu und Tutsi weniger an politische Auseinandersetzungen um die Entwicklungsrichtung als an den verbissenen Kampf um die zu plündernden Staatströge.

Gibt es Wege in eine bessere Zukunft für diese Länder an den großen Seen? Welche Möglichkeiten und welche Hindernisse sehen insbesondere die politischen Akteure selbst? Die praktischen Antworten auf diese Fragen werden entscheidend für die Entwicklung der gesamten Region Zentralafrikas sein.

Aufbruch im Herzen Afrikas. Kongo (Zaire), Ruanda und Burundi;
circa 140 Seiten; ISBN 3.929522-47-0; 19,80 DM

Der evangelische Pfarrer Karl Schmidt legt als einer der »Väter« der hiesigen Anti-Apartheid-Bewegung mit seinem Buch eine ermutigende Bilanz seiner Arbeit im südlichen Afrika und in Deutschland vor.

Dokumentiert wird ein Zeitraum von 30 Jahren Erfahrungen mit der Apartheid.

Das Buch ist Zeugnis der persönlichen »Konversion« vom unpolitischen weißen Missionar zum Wegbereiter der Anerkennung des ANC und seines Vorsitzenden Nelson Mandela.

Ein Beitrag zur Aufarbeitung eines erfolgreichen Kapitels internationaler Solidaritätsarbeit und ein Appell, das neue Südafrika nicht alleine zu lassen.

Karl Schmidt: Zum Umdenken bereit; 232 Seiten;
mit zahlreichen Abbildungen; ISBN 3.929522-33-0; 24,80 DM

Ein Fremder trägt immer
seine Heimat mit sich

I m Asylbewerberheim eines kleinen schwäbischen Städt-
chens trifft die junge Frau B. mit ihren fünf Kindern aus
dem Kosovo ein. Eine Lehrerin aus dem Ort nimmt sich
der Familie an und wird zur wichtigsten Bezugsperson, Für-
sprecherin und Freundin.

Ihre tagebuchartigen Aufzeichnungen sind ein geglücktes Beispiel dafür, daß engagierte Texte auch spannend und unter-
haltsam sein können.

Christiane Schmelzkopf (geb. 1947) erhielt für ihr Engage-
ment in der Flüchtlingsarbeit eine der im Rahmen des Theo-
dor-Heuss-Preises 1994 verliehenen Ehrenurkunden »Wider
die Politikverdrossenheit«.

Christiane Schmelzkopf: Ein Fremder trägt immer seine Heimat
mit sich. Erfahrungen mit einer kosovo-albanischen Flüchtlings-
familie; 260 Seiten; ISBN 3.929522-34-9; 24,80 DM

Dein Verschwinden, so ganz leise und bescheiden, tut weh.So, als ob Du wiederkommen würdest, hast Du Dein Zimmer verlassen. Deine Turnschuhe und Strümpfe liegen neben dem halbgeöffneten Kleiderschrank in der Ecke und Dein Walkman und viele Kassetten auf der Fensterbank ... Das Fenster gekippt, der zartgrüne Blätterwald dahinter und ein leises Rauschen scheinen Dich aus meinen Sinnen zu ziehen.

Stück für Stück Deiner Habe wandert in Plastiktüten, und bald wird Dein Zimmer so aussehen, als hätte Deine Persönlichkeit es nie gestreift.«

Thomas Hoffmann-Schiller arbeitet als Sozialpädagoge mit minderjährigen unbegleiteten Flüchtlingen in einem Hamburger Wohnprojekt. Seine Aufzeichnungen über Jugendliche, die ohne ihre Familie nach Deutschland kamen – z. B. aus Afghanistan, dem Zaire und Kurdistan – reflektieren deren Situation in einer sensiblen, aphoristischen Sprache. Aus den Textfragmenten formt sich ein atmosphärisch dichtes Bild deutscher Flüchtlingswirklichkeit.

Die dem Text beigegebenen Fotos von Marily Stroux dokumentieren auf wiederum eigene Weise deren Stimmungen und Lebenslagen. So kann dieses Buch mit tiefer Eindrücklichkeit Lebenswege zeigen, die anrühren. Und beschämen.

Thomas Hoffmann-Schiller: Gerettet in die Fremde.
Jugendliche Flüchtlinge allein in Deutschland; ca. 120 Seiten;
Fotografien von Marily Stroux; ISBN 3.929522-47-0; 29,80 DM